AF496130

INSTRUCTION

POUR DRESSER LES PROCEDURES DES PROCE'S CIVILS

Conformément à l'Ordonnance de Sa Majesté de l'an 1667.

NOUVELLE EDITION revûe, corrigée & augmentée par

JEAN Maître RICARD.

Ouvrage necessaire à tous Juges, Avocats, Greffiers, Procureurs, Praticiens, Huissiers, & Sergens.

A PARIS.

Chez CLAUDE JOMBERT, ruë S. Jacques, au coin de la ruë des Mathurins, à l'Image Nôtre Dame.

MDCCXXI.

PREFACE.

CETTE Instruction ne contient ni les raisons de l'Ordonnance, ni son interpretation ; plusieurs Auteurs ont traité des premiéres, elle n'a pas besoin de la seconde ; outre qu'elle est même défenduë.

Ce Memoire n'est autre chose qu'un arrangement des Articles de l'Ordonnance dans l'ordre qui doit faire la suite d'une procedure conforme à son esprit. Il n'y a rien de nouveau qu'une ſituation, qui paroît plus commode pour comprendre, & pour ſe ſouvenir des matieres. La Loi eſt claire, & très utile, le Zele eſt neceſſaire pour l'execution : mais il faut ſçavoir appliquer la Loi, & ſe ſervir du Zele. Les bonnes armes ni le courage ne font pas le Soldat parfait ; c'eſt le bon uſage de l'un & de l'autre, que l'exercice ſeul peut apprendre.

On ne doit pas ſe perſuader qu'après la lecture de cette Inſtruction l'on ſçache toute l'Ordonnance. Elle doit être étudiée auparavant, parce qu'elle contient des Articles qui n'ayant point, ou fort peu de relation avec la Procedure, servent de Loix generales, & pour ce ils doivent être apris dans leur source. Il y en a d'autres qui font bien une partie de la Procedure : mais qui sont si faciles & si communs, qu'il est plus court d'en faire mention par renvoy, pour éviter une transcription qui ne feroit que grossir cet Ouvrage.

Comme il enseigne plûtôt un Art qu'une Science, il paroît au jour sans doctrine, sans ornement, & dans le Stile du Barreau. La verité n'est belle, que parce qu'elle est nuë & sans atours. Le Rayon qui rencontre, ou qui se mêle en des sujets de diverse consistance, perd sa rectitude, & par la refraction trompe la vûë. La beauté, ou la bonté des objets qui se presentent aux Voyageurs les amusent, les retardent, & souvent les égarent, en détournant leur attention.

Il ne faut pas s'étonner si cette Instruction est plus necessaire au Comté, qu'elle ne l'auroit été dans le Royaume, quand l'Ordonnance de 1667. y fut publiée; parce que n'étant alors qu'une Réforme d'une Pratique déja connuë, chacun étoit sçavant des principes. On n'y trouva que des abus reformés, des longueurs retranchées, &

des détours rectifiés.

Il n'en est pas ainsi à l'égard de ceux qui n'ont pas eu le même bonheur : leurs esprits se trouvans remplis de maximes, ou fort éloignées, ou contraires à leurs manieres d'instruire les Procés ; il est important de leur faire connoître en quoi le nouveau Stile differe de l'ancien, afin qu'ils ne les confondent pas, & de leur faire entendre des termes & des usages qui leur étoient auparavant inconnus.

Ce sont de nouveaux Païs, où l'on ne peut s'avancer sans guide. C'est une nouvelle Langue, qui à peine se peut apprendre sans Maître, & qui doit faire oublier la naturelle, sans en reserver même l'accent.

LOUIS LE GRAND a donné son Ordonnance à la France, comme un effet de sa Justice; il la donne au Comté, comme un effet de son amour: elle contient le portrait de son incomparable Genie, l'expression fidele de sa Justice, la plus prompte & la plus moderée, la plus douce & la plus inflexible qui fut jamais. Il tend à la gloire & au bonheur de ses peuples, comme la nature à ses fins; par les lignes les plus droites, & les voïes les plus abregées. La rapidité accompagne les Victoires qu'il remporte sur ses ennemis ; il veut que la celerité ſe trouve dans la Juſtice qui ſe rend à ſes Sujets. Pour ce qui eſt de ſes Conqueſtes, IL VIENT, IL VOIT & IL VAINC. Et pour ce qui eſt de ſa Juſtice, IL E'COUTE, IL EXAMINE & IL DECIDE. Mais avec tant de pénétration d'eſprit, & de ſolidité tout enſemble, que le bien trouve d'abord en lui toute l'approbation, & le mal ſa condamnation.

Qui peut avoir de la répugnance à ſuivre un exemple qui fait le ſujet de l'admiration de toute la terre ? Qui peut rencontrer de la difficulté, ou ne lui obeïr pas avec joye, en quittant une ancienne Pratique, pour en prendre une nouvelle qui pourvoit à l'acceleration de la Justice, qui décharge de frais, & qui punit severement l'artifice, les fuites & les chicanes.

Cet Ouvrage est donné au public pour pratiquer l'Ordonnance avec plus de plaisir & d'intelligence, & pour en mieux connoître l'utilité, il convient supposer.

Que tous les Procés peuvent être reduits à deux genres: sçavoir aux Instances, & aux Appellations, c'est à dire, aux Procedures qui précedent les Jugemens diffinitifs, & à celles qui servent de moïens pour se pourvoir contre les choses jugées, & pour les faire reformer.

Les premieres instances ont des manieres qui different des secondes, soit parce que leur cours a plus de formalité, ou parce qu'elles sont sujettes à plus d'incidens; c'est pourquoi on comprend dans les instances les Matieres incidentes; comme des accidens attachés, ou dépendans de la substance.

Quoique les Procedures des incidens aïent beaucoup de conformité avec celles des instances, ils ont néanmoins de certaines differences qui obligent d'en traiter ſous des Chapitres ſeparés, pour que les choſes priſes en détail ſe conçoivent avec plus de clarté, comme les alimens pris par morceaux ſe digerent avec plus de facilité.

Les incidens dépendent des inſtances, & ont connexion avec elles, parce que les uns précedent la matiere principale, pluſieurs l'accompagnent, & d'autres la ſuivent ; tels ſont les Recuſations, des Juges, les Evocations, les Compulſoires, les Sequeſtres, les Receptions de caution, les Saiſies & Executions, les Contraintes par corps, les Expediens, & la Taxe des Depens ; dans les Procedures de chacun il y a encore quelques ſingularités qui les font diſtinguer l'une de l'autre.

Il ſe trouve d'autres incidens qui ſont de nature à ſubſiſter de ſoi-même, mais qui ne laiſſent pas de rentrer ſouvent dans la Procedure generale, comme les Matieres Sommaires, le Poſſeſſoire des Benefices, les Complaintes, les Réintegrandes, & les Redditions de Comptes. Tous ces incidens ſont comme des Ruiſſeaux qui s'écartent pour un tems des Rivieres, dont ils ſont ſortis, ou qui s'y rendent par leur pente naturelle, quoiqu'ils ayent une autre ſource : mais qui après rentrent dans un même lit pour s'y mêler, & n'avoir plus qu'une courſe commune, On en fera la diſtinction par les Titres qui contiendront le genre, & par les Chapitres qui traiteront des eſpeces.

TABLE

Des Titres & Chapitres de cette Instruction.

TITRE I. *Des Regles Generales qui disposent à l'intelligence de l'Ordonnance*, p. 1

TITRE II. *Description de la conduite d'un Procés dans toutes ses formes*, pag 31

Chapitre I. *De la Procedure commune à toutes sortes d'Instances*, pag. 31

Chapitre II. *De la Procedure des Causes qui se jugent à l'Audience*, pag. 37

Chapitre III *De la Procedure des Causes par écrit*, pag. 44

Chapitre IV. *Des nouvelles*

Productions, pag. 52

Chapitre V. *Des preuves en general*, pag. 55

Chapitre VI. *Des Enquestes ou preuves par Témoins, & de leurs Reproches.* pag. 57

Chapitre VII. *De la descente sur les lieux*, pag. 79

Chap. VIII. *Des Experts*, 83.

Chap. IX. *Comme s'acheve la Procedure aprés les preuves, ou lorsqu'il n'y en a point d'ordonnées*, pag. 87

TITRE III. *Des Procedures en matiere de Defaut, & Congés*, pag. 90

TITRE IV. *Des Reprises de la cause, & des tems pour deliberer*, page 98

TITRE V. *Procedures des matieres incidentes*, page 101

Chapitre I. *Des Incidens en general*, page 101

Chapitre II. *Des Interventions*, page 107

Chapitre III. *De la Garantie*, page 109

TITRE VI. *Des autres matieres d'Instances qui ont des procedures singulieres*, page 121

Chapitre I. *Des Recusations des Juges, & des prises à partie*, 122

Chap. II. *Des Evocations*, 131

Chapitre III. *Des Matieres Sommaires*, page 152

Chap IV. *Des Compulsoires* 156

Chap. V. *Du Possessoire du Benefice*, page 165

Chap. VI. *Des Complaintes & Reintegrandes*, page 170

Chap. VII. *Du Sequestre*, 176

Chap. VIII. *Des Receptions de cautions*, page 181

Chap. IX. *Des Redditions de comptes*, page 183

Chap. X *Des Liquidations de Fruits*, page 193

Chap. XI. *Des Dépens*, p. 196

Chap. XII. *Des Expediens*, 219

Chap. XIII. *Des Saisies, Arrêts Executions, & Vente de Meubles*, page 231

Chap XIV. *De l'Execution des Arrests & Sentences*, p. 246

Chap. XV. *Des Contraintes par Corps*, page 250

TITRE VII. *Procedures des Appellations*, p. 255

Chap. I. *Des Maximes communes à toutes les Appellations*, p. 256

Chap. II. *Comme s'émettent & se relevent les Appels*, p. 267

Chap. III *Des devoirs de l'Intimé*, page 271

Chap. IV. *Des Procedures communes à toutes sortes d'Appels aprés qu'ils sont relevés*, p. 275

Chap. V. Des *Appellations verbales*, p. 278

Chap. VI. Des *Appellations des Sentences rendues aux Procés par écrit*, p. 280

Chap. VII. Des *Appellations incidentes*, p. 287

Chap. VIII. Des *Appellations de la Taxe des dépens*, p. 289

TITRE VIII. Des *Jugemens & Prononciations*, p. 293

TITRE IX. De *la forme de se pourvoir contre les Arrêts*, p. 296

APPROBATION.

J'Ai lû par ordre de Monseigneur le Garde des Sceaux un Livre intitulé *Instruction pour dresser les Procedures des Procés Civils*, où je n'ai rien trouvé qui m'ait paru devoir en empêcher l'impression. A Paris le dix-sept de Janvier mil sept-cens vingt.

BOURGEOIS DU CHASTENET.

PRIVILEGE DU ROY.

LOUIS, par la grace de Dieu Roi de France & de Navarre, à nos Amez & Féaux Conseillers les Gens tenans nos Cours de Parlement, Maîtres des Requestes ordinaires de nôtre Hôtel, grand Conseil, Prevôt de Paris, Baillifs, Sénéchaux, leurs Lieutenans Civils & autres nos Justiciers qu'il appartiendra, Salut. Nôtre bien amé CLAUDE JOMBERT Libraire à Paris, Nous ayant fait remontrer qu'il souhaiteroit faire imprimer & donner au public un Livre qui a pour titre, *Instruction pour dresser les Procedures des Procés Civils conformément à l'Ordonnance de mil six cent soixante sept.* S'il nous plaisoit lui accorder nos Lettres de Privilege, sur ce necessaires. A CES CAUSES, voulant favorablement traiter l'Exposant, Nous lui avons permis & permettons par ces Présentes de faire imprimer ledit Livre en tel forme, marge, caractere, conjointement ou séparément, & autant de fois que bon lui semblera, & de le faire vendre & débiter par tout nôtre Royaume pendant le tems de trois années consecutives, à compter du jour de la datte desdites Présentes; Faisons deffenses à toutes sortes de personnes, de quelque qualité & condition qu'elles soient d'en introduire d'impression étrangere dans aucun lieu de nôtre obéïssance, comme aussi à tous Libraires, Imprimeurs & autres, d'imprimer, faire imprimer, vendre, faire vendre, débiter, ni contrefaire ledit Livre, en tout ou en partie, ni d'en faire aucuns Extraits sous quelque prétexte que ce soit, d'augmentation, correction, changement de titre ou autrement, sans la permission expresse & par écrit dudit Exposant, ou de ceux qui auront droit de lui, à peine de confiscation des Exemplaires contrefaits, de quinze cens livres d'amende contre chacun des contrevenans, dont un tiers à Nous, un tiers à l'Hôtel-Dieu de Paris, l'autre tiers audit Exposant, & de tous dépens, dommages & interests; à la charge que ces Presentes seront enregistrées tout au long sur le Registre de la Communauté des Libraires & Imprimeurs de Paris, & ce dans trois mois de la datte d'icelles; que l'impression dudit Livre sera faite dans nôtre Royaume & non ailleurs, en bon papier, & en beaux caracteres, conformément aux Reglemens de la Librairie; & qu'avant de l'exposer en vente, le anuscrit ou imprimé qui aura servi de opie à l'impression dudit Livre, sera emis dans le même état où l'Approbaion y aura été donnée, ès mains de nôre très-cher & féal Chevalier Garde des ceaux de France le sieur de Voyer de aulmy, Marquis d'Argenson Grand-Croix, Chancelier & Garde des Sceaux e nôtre Ordre Militaire de S. Louis, & u'il en sera ensuite remis deux Exemplaies dans nôtre Bibliotheque publique, un ans celle de nôtre Château du Louvre, un dans celle de nôtred. très cher & feal hevalier Garde des Sceaux de France, e sieur de Voyer de Paulmy Marquis 'Argenson Grand Croix, Chancellier & Garde des Sceaux de nôtre Ordre Militaire de S. Louis; le tout à peine de nullité des presentes : Du contenu desquelles vous mandons & enjoignons de faire joüir l'Exposant ou ses ayans cause, pleinement & paisiblement, sans souffrir qu'il leur soit fait aucun trouble ou empêchement. Voulons que la copie desdites présentes, qui sera imprimée tout au long au commencement ou à la fin dudit Livre, soit tenuë pour dûëment signifiée, & qu'aux copies collationnées par l'un de nos amez & feaux Conseillers & Secretaires, foi soit ajoûtée comme à l'Original : Commandons au premier nôtre Huissier ou Sergent, de faire pour l'execution d'icelles tous actes requis & nécessaires, sans demander autre permission, & nonobstant Clameur de Haro, Charte Normande, & Lettres à ce contraires ; CAR tel est nôtre plaisir. DONNE' à Paris le vingt-septiéme jour du mois de Mars l'an de grace mil sept cens vingt, & de nôtre Regne le cinquiéme. Par le Roy en son Conseil.

DELAVERGNE.

Registré sur le Registre 4. de la Communauté des Libraires & Imprimeurs de Paris, page 582. num. 612. conformément aux Reglemens, & notamment à l'Arrêt du 13. Aoust 1703. A Paris le 11. Avril 1720.

G. MARTIN,
Adjoint du Syndic.

INSTRUCTION pour dresser les Procedures des Procès Civils conformément à l'Ordonnance de Sa Majesté de l'an 1667.

TITRE I.

Des Regles generales qui disposent à l'intelligence de l'Ordonnance.

A Maniere la plus facile à se rendre habile dans les Sciences & les Arts, étant les Notions Universelles, d'où l'on descend aux particulieres, il importe de donner, à l'entrée de cette Instruction, les idées generales qui conviennent aux matieres ordinaires & communes : Ainsi il faut, avant tout, regler son œconomie quand elle se trouve en état d'être conduite à sa fin sans interruption, c'est-à-dire, lors que toutes les parties comparent, & ne se servent que des délais accordés par l'Ordonnance. Ensuite on parlera des Procedures qui sont arrêtées, ou suspenduës par les Défauts, par les Reprises de Cause, & par les Incidens qui quelquefois en arrêtent, ou suspendent le cours. Les autres Procedures qui en sont séparées ou differentes auront leur rang à part.

Il y a deux Régles communes à tous les Procès d'Instances : L'une est, qu'ils doivent commencer ou par Exploit sans Requête dans les Justices des Bailliages & autres subalternes, comme aussi au Parlement à l'égard des Privilegiés : Aux autres cas elles commencent en vertu d'Arrêts, ou par Lettres, ou par Commissions expediées dans la Chancellerie. C'est ainsi qu'en dispose l'Article XII. du Titre 2. de l'Ordonnance.

Sa Majesté a déclaré que Monsieur le Premier President aura la garde du Sceau, & qu'il le tiendra une ou deux fois la semaine, selon la necessité des affaires, en presence de deux Conseillers du Parlement, à commencer par le Doyen, & le dernier reçû, ainsi successivement par tous les autres.

La Déclaration de Sa Majesté, sera ajoûtée à la fin de cette Instruction, avec la liste des Lettres qui doivent être scellées, & le tarif des frais du Sceau, pour que les parties sçachent quelles sont les expéditions où le Sceau sera necessaire, & que le surplus se fasse par Requêtes.

Et d'autant que les Commissions dont on léve des Lettres à la Chancellerie, n'étoient pas cy-devant en usage; il n'est pas inutile de sçavoir, que les Commissions, & les Arrêts, dont parle ledit Article XII. de l'Ordonnance, procedent des Requêtes présentées au Parlement, tendantes à faire citer une partie.

Si c'est pour une cause où il n'y ait encore point de Procureur constitué, on les apointe par *Soit partie appellée*. Si c'est pour chose qui dépende, ou ait connexité avec une cause déja intentée, & où il y a Procureur, on dit, *Viennent les parties*. Encore qu'en soy, l'une & l'autre de ces deux manieres n'ayant qu'un même effet, elles peuvent être employées sans distinction. Car elles sont comprises sous cette forme de prononcer: *La Cour ordonne que les parties viendront à l'Audience.*

En vertu de ces deux ſortes d'apointemens mis ſur les Requêtes, on ne peut donner Ajournement, qu'en réduiſant leſdits apointemens en forme d'Arrêts. Ou bien en relevant au Sceau de la Chancellerie une Lettre de Commiſſion, qui eſt expediée ſous le nom de Sa Majeſté, & porte le Mandement pour ajourner enſuite de la Requête préſentée un tel jour, par un tel.

D'où vient que pluſieurs concluënt par leurs Requêtes, à ce que *Commiſſion leur ſoit octroyée pour faire aſſigner à la Cour un tel, pour être condamné à..... ou voir déclarer que.....* On l'apointe en ces termes. *Ait la Commiſſion requiſe, fait.....* Ou *ſoit fait comme il eſt requis.* En aſſignant on donne copie, des Lettres de Commiſſion.

Quant aux permiſſions de ſaiſir & arrêter les biens, meubles ou immeubles, leſquelles ſe nommoient autrefois gagemens, barres & saisies : on présente Requête au Parlement qui s'apointe ainsi. *Permis de saisir sans préjudice des fins & exceptions, & en cas d'opposition, viennent les parties.*

Dans les Bailliages on pourra toûjours user des *Debitis*, comme on faisoit du passé.

Les Requêtes qui ne concernent que les matieres Incidentes, & les préparatoires, n'ont pas besoin de Lettres, ni d'Arrêt ; elles sont apointées par le Raporteur, ou par le Greffier.

Ce qu'on appelloit autrefois apointement, se dit aujourd'huy Arrêt. Et quoique l'Ordonnance nomme *Appointement à écrire & produire*, ou *A mettre*, ou *Apointé au Conseil*. Neanmoins quand ces apointemens sont mis en forme, ou qu'ils sont prononcés, ils se nomment Arrêt, ainsi que tout ce que la Cour ordonne sur les Requêtes.

L'Ordonnance ayant pourvû aux moyens de faire citer une partie, ou la faire venir en Jugement, elle prescrit diverses circonstances pour les Exploits ; les principales, & les plus ordinaires se verront cy-aprés.

Il y en a d'extraordinaires qu'il importe de sçavoir, entre autres: Que les Exploits faits, où il ne se trouve personne au domicile, doivent être attachés à la Porte, le Voisin en doit être averty, & signer l'Exploit, s'il a l'usage des Lettres : S'il n'y a point de Voisins l'Huissier doit en attacher une copie à la porte, & son Original doit être paraphé par le Juge du lieu du domicile : Et en son absence ou refus par le plus ancien Praticien du Siege. Il est de même des Assignations données à cri public à ceux qui n'ont, ou n'ont eu de domicile connu.

Les Assignations sur la Frontiere sont abrogées, en sorte que les étrangers qui sont hors du Royaume, sont adjournés és Hôtels de Messieurs les Procureurs Generaux des Parlemens, où ressortissent les apellations des Juges, devant lesquels lesdits étrangers sont assignés.

Les condamnés aux Galeres à tems, les absens pour faillite, voyage de long cours, ou hors du Royaume, sont assignés à leur dernier domicile, sans perquisition ni création de Curateur.

Lors qu'il s'agit des droits des Benefices, des Offices, ou des Commissions d'Offices, il y a une formalité qui leur est particuliere : Car il n'est pas necessaire qu'ils soient faits au domicile, ou à la personne du Défendeur, c'est assez de s'adresser au principal manoir du Benefice, ou des lieux dans lesquels s'exercent les Offices, & de faire mention des personnes à qui les Exploits auront été laissés.

La seconde Regle generale consiste, en ce que tous les Procès de premiere instance, les Incidens qui en dérivent, & toutes les Apellations verbales se portent à l'Audience, même les Incidens qui surviennent aux Procès par écrit, & déja distribués, n'étoit quand il s'agit de positions de faits nouveaux, ou de production des nouveaux Titres & semblables que l'on tient pouvoir, ou devoir être jugées avec la cause principale, sans plus grande contestation : Par ce qu'en ceux-cy on y procede par écrit ; on apointe ordinairement semblables Requêtes par dire :

Ait acte de l'employ, ou de l'apellation incidente, s'il y en a une, *joint icelle au Procès, & sera tenuë la partie de répondre, écrire & produire dans trois jours pour tous délais. Fait* ...... Ce qui sera traité plus particulierement cy-après au Tit. 5. Chapitre 1.

Cependant il importe de donner jour, par les remarques suivantes, à cette maxime generale, qui veut que tous les Procès d'Instance, & les Apellations verbales soient portées à l'Audience.

I. REMARQUE. L'esprit de l'Ordonnance est de retrancher les longueurs des Procès, autant qu'il est possible ; & comme les fréquentes écritures les entretiennent, & prolongent ; Sa Majesté a trouvé à propos qu'avant que passer à une Procedure reguliere, les Parties fussent oüies à l'Audience, pour essayer si le Procès peut-être jugé au fond.

On ne doit pas pourtant s'y présenter tumultuairement, crainte que faute de connoissance suffisante, on ne consomme le temps inutilement par la plaidoyerie ; c'est pourquoy l'Ordonnance veut que le Demandeur donne au Défendeur la Copie, non seulement de son Libelle, mais encore de ses Titres, & que le Défendeur en use de même des siens, & de ses défenses, contre lesquelles le Demandeur peut, s'il le veut, écrire par repliques, pourvû que ce soit sans retardement du procès; afin qu'en cette maniere, non seulement le Défendeur soit instruit de l'action du Demandeur, & celuy-cy des exceptions du Défendeur, mais encore à ce que, par les délais qui sont accordés en ces occasions, de huitaine ou de quinzaine, les Avocats, & Procureurs ayent le tems de se préparer, & que par leur ministere les Juges connoissent le fait & les circonstances necessaires pour pouvoir juger diffinitivement, si la chose s'y trouve disposée.

II. REMARQUE. Encore que les Juges soient obligés de juger sur le champ les procès qui y sont disposés, ils ne sont pas toutefois necessités de le faire dans toute sorte de Causes, sans les avoir mûrement examinés.

On suppose que l'étude, & l'experience qui les ont élevé dans les Charges les ont rendus sçavans ; mais comme il y a quelque fois des questions arduës, qui exigent une aplication singuliere, & d'autres fois des faits, qui ne leur sont pas nettement representés, ou qui se trouvent si fort entrelacés, qu'il faut les démêler à loisir : en ces cas une plus grande connoissance ne leur est pas defenduë ; ils ont trois moyens de se satisfaire.

Le premier est d'ordonner, que les Pieces seront mises sur le Bureau, & pour en déliberer, auquel cas les Avocats ou Procureurs qui ont plaidé la Cause, remettent sauf inventaire leurs Pieces, qui sont pris par le Greffier, & remis ordinairement entre les mains du Doyen de la Chambre, qui, à la prochaine assemblée, reserve l'état de la question, & ensuite on en délibere, comme on auroit fait si la Cause avoit été jugée en l'Audience, & à la prochaine Audience, les Avocats ou Procureurs, qui ont plaidé, concluënt sans faire aucun nouveau discours, & le Président leur prononce ce qui a été jugé, qui est redigé par le Greffier ordinaire, & l'Arrêt s'expedie de même que dans les autres Causes, qui se jugent à l'Audience.

Le second moyen est d'apointer les parties à mettre leurs Requêtes & Pieces dans trois jours pardevers la leur, pour leur être fait droit, ainsi qu'il apartiendra ; ce qui ne se fait gueres que dans les affaires legeres & provisoires, ainsi qu'il est porté par l'Article XIII. du Titre 11. des délais de procedures.

Les Apointemens à mettre sont

de trois jours, à compter du jour de la signification faite de l'apointement à la partie : On fait une Production sommaire des Pieces, qui sont distribuées par celui à qui la distribution apartient, suivant ledit Article XIII. cy-dessus cité.

Le Procureur le plus diligent fait signifier à la partie un Acte, portant déclaration qu'il a produit, & le somme d'en faire de même ; s'il y manque, dans les trois jours suivans, le Raporteur peut rendre Jugement.

Apointement en droit, ou à écrire & produire.

Le troisiéme moyen est, que si le Juge n'estime pas que par la vision seule des pieces, sur lesquelles la cause a été plaidée, il puisse avoir assez de connoissance pour y rendre le jugement diffinitif, parce que la chose merite d'être plus amplement contestée, il peut *apointer à écrire, & produire*, pourvû que ce ne soit pas en matiere sommaire.

La formule de cet Apointement qui s'appelle *Apointement en Droit*, peut-être conçûë en ces termes : *LA COUR sur les demandes & défenses*, ou bien *parties oüies, a apointé & apointe les parties en droit à écrire & produire tout ce que bon leur semblera, bailler Contredits dans le tems de l'Ordonnance* ; icy on n'exprime pas le tems, parce que l'article XII. du titre 11. declare que l'apointement en droit à *écrire & produire* sera de huitaine & emportera aussi Reglement de contredits dans pareil délai. On ne parle point de salvations, parce que n'en fournit qui ne veut. Les Juges peuvent apointer lors qu'ils croyent qu'ils auront à prononcer sur trois Chefs de demande ou avantage, soit qu'elle soit principale ou en reconvention.

La production doit être faite avant qu'on écrive par contredits. C'est pourquoi le Procureur diligent somme l'autre de produire, afin qu'il puisse écrire par contredits ; car ce n'est pas précisément le Demandeur, qui fournit cette espece d'écriture ; la partie qui veut avancer, contredit la premiere la production, ou les pieces produites par son adversaire, qui ensuite écrit par salvations, ou fournit de contredits contre la production de sa partie, & du jour de la signification qui est faite par le Procureur plus diligent, qui a produit que sa production est au Greffe: commencent les délais tant de produire que contredire contre l'autre partie, sans qu'il soit besoin d'obtenir d'autre Fort-clusion au Greffe, dont l'usage est abrogé, suivant l'Article VIII. du titre 14. des contestations en cause, & l'article XX. du titre 11. des délais & procedures.

Depuis que cet apointement à produire est rendu, le procès devient procès par écrit, qui ne

se

se juge plus à l'Audience.

LA III. REMARQUE concerne les délais des procès, car les procès étant prolongez, ou accourcis, par la multiplicité, longueur, ou brieveté des délais, l'Ordonnance les a réduits à des termes courts, dont l'échéance emporte forclusion, & en souffre rarement des prorogations : quoi que la lecture des titres 3. & 11. puisse suffire, néanmoins, pour en donner une distinction plus facile, & les réduire à certains chefs, il est bon de sçavoir :

Quels sont les délais des Ajournemens.

Que le jour de la signification de l'Exploit, & celui auquel échet l'assignation, ne sont pas compris dans les délais, mais aussi tous les autres jours sans exception sont utilement comptés, même les Dimanches & Fêtes Solemnelles, les jours des vacations, & ceux ausquels il ne se fait point d'expéditions de Justice : C'est ainsi que le determine l'article VI. du titre 3.

Suivant l'article I. du même titre, les délais des Ajournemens donnés au Parlement, tant en premiere Instance qu'en causes d'apel, sont de huitaine quand les assignations sont données dans la Ville, où le Parlement est établi; ils sont de quinzaine dans la distance de dix lieuës; d'un mois au delà de dix lieuës, pourvû que la distance n'excede pas cinquante lieuës. Quand elle est au delà de cinquante lieuës, & dans le ressort du Parlement, les délais sont de six semaines; lors que les parties demeurent hors ledit ressort, ils sont de deux mois.

Aux Bailliages les délais de l'assignation donnée au domicilié dans le lieu où le Siege du Bailliage est établi, dans la distance de dix lieuës sont au moins de huitaine, & au plus de quinzaine, & pour ceux qui sont éloignés de plus de dix lieuës, à compter du lieu dudit Siege, le moindre délai d'y comparoir, est de quinzaine ; & le plus long de trois semaines.

Aux Justices inferieures, si le Défendeur se trouve présent, ou est domicilié dans le lieu où se tient la Justice, le délai des assignations, ne peut-être moindre de vingt-quatre heures, (s'il n'y avoit péril en la demeure) ni plus long que de trois jours : Il est de huitaine au plus pour ceux qui demeurent hors du lieu, dans la distance néanmoins de dix lieuës ; & quand le domicile est au-delà desdites dix lieuës, le délai doit être augmenté d'un jour, à mesure & à proportion qu'il se trouve éloigné de dix lieuës davantage.

En toutes les Justices, dans la huitaine après le jour que l'assignation doit échoir, si le Défendeur ne constituë Procureur, & ne baille ses Défenses, & copie de ses pieces justificatives, il tombe en défaut, qui ne pourra toutefois être jugé, sinon après un autre délai, pareil à celui de l'assignation, pourvû qu'il ne passe la quinzaine; si toutefois le terme de l'assignation étoit plus long que la quinzaine, on ne peut juger le défaut, non seulement qu'après que le délai de l'assignation sera passé, mais encore la moitié dudit délai, & huit jours par dessus, ce qui a lieu, tant à l'égard du Demandeur, que du Défendeur, suivant l'article V. du titre 3. & les articles II. III. & IV. du titre 11.

Combien il y a de sortes d'Ecritures.

IV. REMARQUE. L'on ne peut fournir d'écritures que des Défenses, Repliques, Contredits, & Salvations, toutes les autres sont abrogées. Ce qui n'empêche pas que l'inventaire qui donne une idée de tout le procès au Raporteur ne doive contenir un Avertissement qui consiste en un narré du fait, en la division des questions, & la déduction des raisons principales qui soûtiennent l'action, & la défense, ce qui se fait ordinairement à la premiere production. Quelques-uns le font par un Cahier séparé de l'Inventaire. Après la derniere production faite, on peut donner aussi des Factums qui traittent de tout le procès : Ils sont permis, mais à condition que s'ils se trouvent produits parmi les pieces, il en est donné copie à la partie, le tout sans retardement du procès.

V. REMARQUE. Aux choses qui consistent purement en fait, l'articulation en doit être succincte, & sommaire, sans y mêler aucune raison de droit, soit dans les écritures, qui contiennent les faits, soit dans les réponses ; l'Ordonnance est si exacte en ce point, que par l'article I. du titre 20. elle interdit en cette matiere de faits, toutes repliques, & additions, défend

De l'articulation des faits.

d'y avoir égard, & de les mettre en taxe, ni les comprendre dans les memoires des frais, & salaires des Procureurs; le tout à peine de répetition du quadruple.

Apellations verbales.

LA VI. REMARQUE est à l'égard des Apellations verbales, dont on a fait mention dans la seconde regle generale, lorsqu'il a été dit qu'elles se portent à l'Audience, ainsi que les procès de premiere Instance.

Les Apellations verbales sont celles qui procedent des Jugemens rendus à l'Audience par les Juges inferieurs, & de toute Sentence renduë aux procès, ausquels il n'y a point eu d'apointement *d'écrire & produire.*

Ces Apellations se portent à l'Audience, pour y être jugées selon que la matiere s'y trouve disposée, & comme on l'expliquera au titre des Apellations.

VII. REMARQUE. Il faut sçavoir combien il y a de

ſorte d'Audiences. La premiere s'appelle : Audience d'inſtruction, qui ſe tient dans toutes les Chambres du Parlement ; ſçavoir, dans la ſeconde & troiſiéme Chambre, on y plaide tous les incidens qui ſurviennent dans un procès, dont le Raporteur eſt de la Chambre, parce qu'il peut donner des lumieres, comme ayant plus de connoiſſance de l'affaire, dont il eſt queſtion ; toutes les autres ſe portent à la Grand'Chambre.

Combien il y a de ſortes d'Audiences.

Les Cauſes y peuvent être plaidées par les Procureurs, ils portent à Monſieur le Premier Préſident dès la veille, les qualités des Cauſes, qui doivent être audiencées, & au bas le ſommaire du fait dont il s'agit, il leur donne l'ordre que bon lui ſemble, & les renvoye ou à l'Audience publique, ou à celle de relevée.

Ces Audiences publiques ſe tiennent tous les Lundy, Mardy, & Jeudy matin. Là se plaident les Causes de réputation, & de mérite qui y ont été destinées par Monsieur le Premier Président, soit sur Placet qu'on lui présente, ou par le choix qu'il en fait.

Les Audiences de relevée sont, celles où se plaident ordinairement les Apellations verbales, Monsieur le Premier Président les fait enrôler & afficher aux pilliers du Palais; elles sont appellées & plaidées à tour de Rôle; c'est-à-dire au rang qu'elles y sont décrites, & sont plaidées en la Chambre, à laquelle les Audiences de relevée ont été destinées par Sa Majesté.

Et si après que le tems pour lequel il a fait les Rôles est expiré, il y reste des Causes qui n'ont pû être plaidées : elles sont apointées *ipso jure* en procès par écrit, & sont jugées en la Grand' Chambre.

Il y a encore une Audience Crimi-

Criminelle, qui est publique, & se tient tous les Samedis matin. Là se jugent les Apellations émises des decrets & procedures du petit criminel, ou l'accusé ne peut être condamné en aucune peine afflictive, ou infamante, sur le titre de l'accusation, ainsi que les incidents qui en dépendent.

Actes & Sommations qui servent à la procedure.

VIII. REMARQUE. Au lieu que par le Stile ancien, pour avancer une Cause & l'instruire, il falloit la presenter souvent au Rôle, & prendre divers Apointemens apellés Intimations, communication des titres pour y proceder, accordances, conclusions d'accordances, & semblables; par le nouveau Stile toutes ces manieres sont abrogées. On donne le mouvement aux procès par de simples sommations signées du Procureur de la Partie, & signifiées par un Huissier.

Ces billets sont d'un frequent & necessaire usage dans toute la suite de la procedure. Il est difficile de specifier tous les cas ausquels ils servent ; les plus ordinaires sont lors qu'une Partie requiert l'autre de venir plaider à une Audience certaine, ou de fournir défenses.

Lors qu'elle fait sçavoir que la demande principale est en état. Que la production a été mise au Greffe. Que l'on a renoncé à produire : Lors qu'une Partie requiert que le procès verbal de l'Enquête soit fourni. Qu'elle signifie les qualités de la Cause. Qu'elle somme de comparoir au Parquet, ou de convenir d'un Avocat pour un expédient. Quand elle dénonce au Juge qu'une Instance ou procès est en état, & que le Juge ait à y rendre Sentence, pour parvenir à un apel comme de déni de Justice, après trois pareilles sommations. Quand on interpelle la Partie condamnée de satisfaire au Jugement rendu, ou d'en interjetter Apel, ou de conclure en Causes d'Apels, de fournir griefs, de satisfaire au Reglement d'un compte, de signifier la déclaration des dommages & interêts, de comparoir au Greffe afin de retirer les sacs, & proceder à la taxe des dépens; de comparoir chez le Procureur tiers : Quand on fait les offres & les acceptations de la taxe, qu'on requiert de la signer, & generalement tous Actes qui interpellent ou requierent la Partie, ou le Procureur de satisfaire à quelques apointemens, à l'Ordonnance du Juge, au devoir de son Office & dépendance de l'instruction & procedure.

Tout cela se fait par Actes, billets & sommations, dont les formules sont differentes, selon la difference de leur nature, & les divers effets qu'ils produisent, ils commencent ordinairement ainsi.

A la Requête de .... Procureur de ...... Demandeur ou Apellant, soit sommé & interpelé lé ...... Procureur de ...... Défendeur ou Intimé de .... ou bien : *A la Requête de ..... soit signifié declaré qu'il poursuivra, qu'il fera, qu'il a fait ou qu'il a produit. Fait à .... &c.*

Ces billets, sommations ou actes doivent être signés du Procureur, au nom duquel ils sont faits, signifiés à celui de la Partie adverse par l'Huissier, qui ne mettra au bas autre chose, sinon.

Signifié à .... Procureur de .... parlant à .... afin qu'il ne prétende cause d'ignorance. Fait ce ..... l'Huissier signe sans témoins, il insere toutes les réponses que font les Parties ; lors qu'il en est requis.

IX. REMARQUE. Aux matieres qui regardent non seulement le Criminel, mais encore les Ordonnances, les Edits, l'Eglise, les œuvres pieuses, les Communautés, les Orphelins, les pupilles & moindres d'ans, on doit donner communication des procès de cette nature à Messieurs les Gens du Roy, ainsi que de tous ceux qui se plaident aux Audiences publiques, principalement dans les cas portés par l'Ordonnance. Ce doit être dans un tems suffisant qui precede l'écheance du jour auquel la Cause doit être plaidée, & selon son importance, afin qu'ils puissent se préparer à choisir leurs conclusions.

En quelles Causes les Gens du Roy doivent choisir Conclusions.

Les Avocats des parties à cet effet, se présentent au Parquet, ou de gré à gré, ou en vertu de sommation faite par l'une des parties, ils y plaident, par une sommaire déduction de ce dont il s'agit, pour informer du fait Messieurs les Avocats Generaux, lesquels prennent toutes les pieces en communication, ou celles dont ils croyent avoir besoin. L'on en use de même dans les Justices inferieures.

Dans les Procès par écrit, où

il eſt queſtion des matieres cy-deſſus énoncées, après la production faite, ils ſont portés au Parquet par le Greffier, au même effet que deſſus, afin que Meſſieurs les Gens du Roy donnent leurs concluſions par écrit.

En pluſieurs endroits de cette Inſtruction, on a diſtingué ce qui eſt de ſingulier pour les Juſtices ſubalternes, lors que les differences ſont eſſentielles, & qu'on n'a pas cru qu'elles puſſent être facilement entenduës & ſuplées par les regles communes à tous les Procès. Quant au ſurplus des Procedures qui ſe doivent obſerver dans les Bailliages & Juſtices inferieures : Elles ſont les mêmes que celles du Parlement autant que l'état deſdites Juriſdictions le peut permettre. En ſorte qu'une plus grande diſtinction ſeroit inutile, & pourroit faire de la confuſion.

TITRE II.

Description de la conduite d'un Procès dans toutes ses formes.

CHAPITRE I.

De la procedure commune à toutes Causes d'Instance.

LA Requête, ou l'Exploit qui donne commencement à la Cause, doivent être libellés, comme il a été dit cy-dessus, & contenir toutes les demandes sans en rien reserver, particulierement celles qui gisent en faits, & qui doivent se prouver de vive voix ; c'est la disposition *Exploit d'Assignation.*

de l'Ordonnance aux titres 2. & 9. & en l'art. VI. du tit. 20.

Les tems ausquels les Ajournemens doivent échoir suivant la demeure des Parties, & à proportion de la distance des Lieux, ont été cy devant expliqués & déduits sous la troisiéme Remarque.

Il y a cette difference entre les Exploits du Stile ancien de cette Province & ceux du nouveau, que les Exploits du nouveau Stile doivent contenir la demeure de l'Huissier, sa matricule, l'élection de domicile faite par la Partie qui agit, sa qualité, le Procureur qu'elle a nommé, la nature de l'action qui est intentée, & ses conclusions. Ces Exploits ne doivent être attestés de deux Témoins, dont les noms, surnoms, vacations & domiciles doivent être exprimés, que dans les cas exprimés en l'Edit du Contrôle : Il supplée à cette formalité. Les Huisſiers doivent ſigner la copie ainſi que les Témoins, aux peines de l'article II. du titre 2. de l'Ordonnance.

Compa-rution.

Aux Cauſes intentées au Parlement, le Défendeur doit ſe préſenter au Greffe, dans la quinzaine, après l'écheance de l'Aſſignation, & aux autres Sieges dans la huitaine, & quand il s'agit de matiere ſommaire, ce doit être dans trois jours en toute ſorte de Juriſdictions; ſi le Défendeur compare en perſonne, il nomme ſon Procureur ſur le Cayer ou Regiſtres des préſentations : S'il y a quelque nullité dans l'Exploit d'Aſſignation, ou qu'il ne ſoit pas dans la forme de l'Ordonnance, le Défendeur doit en envoyer la copie à ſon Procureur, s'il a été donné à ſa perſonne, ou domicile pour en propoſer la nullité, & demander d'être renvoyé de l'Aſſignation avec dépens; cette exception doit être propoſée *in limine litis*, afin d'éviter les dépens du défaut, bien qu'ils ne doivent être adjugés avec profit, que sur un Exploit valablement fait.

Défenses.

Dans les mêmes délais il doit écrire par défenses, les signifier & en donner copie au Procureur du Demandeur, ainsi que de ses Titres, signés de son Procureur. Ces défenses doivent contenir toutes les fins de non-recevoir, nullité des Exploits & autres exceptions dilatoires, ou peremptoires.

Copies des titres ou extrait d'iceux.

L'Ordonnance qui veut que les parties se donnent respectivement copie de leurs Titres, ou du moins des Extraits des clauses dont elles veulent se servir, n'exclud pas le droit de demander à voir les Originaux, lors qu'il est necessaire, soit pour prendre un plus grand éclaircissement, ou pour combattre leurs solemnités, ou leur validité ; à cet effet celui qui veut les voir fait sommation à la Partie de les lui communiquer : s'il n'y satisfait pas, il peut recourir par Requête au Juge.

Trois jours après la signification des défenses, la Cause peut être poursuivie à l'Audience par la Partie, qui veut être diligente, en dénonçant par un simple Acte signifié au Procureur de Partie adverse, qu'elle fera porter ladite Cause à l'Audience *un tel jour* .... Il suffit qu'il y ait un jour entre la sommation, & celui auquel la Cause doit être plaidée à l'Audience d'instruction : mais ce jour doit toûjours être hors des trois cy-dessus mentionnés, & dont parle le 15. art. du tit. 11.

La formule de cette sommation peut être conçûë en ces termes.

A la Requête de .... Demandeur aux fins de l'Exploit fait à sa Requête par ..... Huissier ou Sergent un tel jour ..... par Me .... son Procureur, soit declaré à Me .... Procureur de .... Dé-

*fendeur, qu'il pourſuivra au premier jour en la Chambre .... l'Audience de la Cauſe d'entre les parties, & en pourſuivra le Jugement tant en preſence qu'en abſence, ſigné ...... Procureur ....
ſignifié par moy...... Huiſſier, le ...... parlant à .....*

Dans leſdits trois jours, le Demandeur peut faire ſignifier au Défendeur des repliques à ſes défenſes, ſans toutefois aucun retardément de la Cauſe qui ſe juge, quoiqu'on n'ait point fourni de repliques.

L'Audience ainſi dénoncée, le Procureur porte dès la veille à Monſieur le Premier Préſident une feüille, dans laquelle ſont écrites les qualités de la Cauſe, & au bas un précis du fait dont il s'agit, pour lui être donné rang.

La Cauſe portée à l'Audience d'inſtruction, ſi on ne peut la plaider, faute de tems, le Procureur diligent doit faire une nouvelle sommation à l'autre, pour comparoir à une autre Audience. L'Acte se dresse & se signifie comme celui qui a été cy-dessus rapporté.

Chapitre II.

De la procedure des Causes qui se jugent à l'Audience.

PAr le Plaidoyer le Juge reconnoît la nature de ce dont il est question, entr'autres s'il y a des fins de non-proceder qui doivent être proposées & jugées avant que d'entrer en la matiere principale.

Fins de non-proceder.

Lors qu'on propose des fins de non-proceder, telles que sont les récusations, les declinatoires fondés sur l'incompetence du Juge, exceptions declinatoires, litispendance & semblables : elles doivent être jugées sommairement à l'Audience sans appointer les parties, ni reserver sans les joindre au principal, pour y être préalablement, ou autrement fait droit, l'article III. du titre 36. le défend.

Il est ajoûté en cet article, que sa disposition doit avoir lieu, lors même qu'il en est déliberé sur le Registre, c'est-à-dire : Qu'encore que les Juges auroient prononcé que les pieces demeureroient sur le Bureau, néanmoins ils doivent juger sur le champ, soit en faisant lire les Titres, ou s'il importe de les mieux examiner, ils peuvent faire retirer les parties, & les Procureurs autant de tems qu'il faut pour voir lesdites pieces, puis les faire rentrer pour entendre le jugement sans déplacer ; c'est le privilege des fins de non-proceder.

Exceptions dilatoires.

A l'égard des Exceptions Dilatoires, soit qu'il s'agisse d'Exceptions de la qualité d'heritier sous le Benefice d'Inventaire, de l'autorité du Tuteur, ou Curateur requise au pupille, ou mineur, de celle d'un mari pour une femme, du Superieur pour un Religieux, ou de l'exception qu'a la veuve, ou l'heritier du défunt qui proposent que le délai de déliberation n'est pas expiré, ou de l'inexpression de la situation, confins, tenans, & aboutissans, d'une maison, ou d'un heritage, & autres dilatoires. Elles doivent être décidées avant que d'entrer en matiere principale, il en est ainsi disposé au titre 9. de l'Ordonnance.

Elle veut, en l'article I. que les exceptions dilatoires (si on en a plusieurs) soient proposées par un même libelle, afin que sans retardement, on y puisse faire droit, & par l'article IX. que toutes les causes soient appointées à la pluralité de voix, & que les Juges déliberent, si la Cause doit être appointée, ou jugée, avant d'ouvrir les opinions sur le fond.

Matieres sommaires. S'il s'agit de matieres sommaires, qui sont celles rapportées au Titre 17. elles doivent aussi être jugées à l'Audience, autant que faire se peut, sans les apointer au Conseil ; & au cas qu'on ne le puisse, on donne un apointement *à mettre*, duquel a été parlé cy-dessus, & conformément à l'article XIII. du titre 11. On en use ainsi à l'égard des Exceptions dilatoires, qui ne peuvent être jugées sur le champ.

Preuves ordonnées à l'Audience. Si les parties se trouvent contraires en faits, & que ce soit un cas, où la preuve de vive voix soit reçûë, les Juges subalternes ordonnent que preuves seront faites, & les témoins oüis, à la prochaine Audience, ce qui se fait en la presence des parties, si elles comparent, ou en leur abscence, si l'une ne compare pas. On y propose aussi les reproches, avant que le témoin, que l'on croit pouvoir reprocher, soit entendu.

Au

Au Parlement, les témoins sont oüis au Greffe par un Conseiller, sans frais, & sans que le délai puisse être prorogé : il fait état dans son procès verbal des moyens de reproches que les parties proposent, & avant que d'entrer à l'Audience, on en parle à la Chambre pour déliberer si les témoins reprochés doivent être entendus.

En tous Apointemens de preuves, les faits sur lesquels la preuve doit être faite par les parties, ou l'une d'elles (s'il n'y en a qu'une qui ait fait des positions) doivent être énoncés dans l'Arrêt, ou la Sentence qui l'ordonne : cet Apointement peut être conçû de cette maniere. *LA COUR a ordonné & ordonne que N. Demandeur fera preuves de tels & tels faits, & le Défendeur du contraire, si bon leur semble, le tout dans le tems de l'Ordonnance, pardevant N. Commis, pour lesdites preuves raportées parde-*

vers la Cour, ou pardevant le Juge, *être ordonné ce qu'il appartiendra, dépens reservés.*

Lors qu'on apointe en preuves en une Cause plaidée à l'Audience, il faut que le reste du procès y soit instruit & jugé, suivant les Articles VIII. & IX. du Titre 17. de l'Ordonnance. Cette instruction s'acheve par les Actes de Sommation pour venir à l'Audience, & autres dénonciations dont il a été parlé.

Comme se re'event les Arrêts prononcés à l'Audience.

Avant de lever les Arrêts, ou Sentences d'Audiences, la partie diligente doit faire signifier à l'autre les qualitez de la Cause; elles ne consistent pas seulement en l'expression des noms des parties, & de leurs Procureurs, mais encore des qualitez sous lesquelles elles agissent, ou sont convenuës, & ont défendu: Car on pourroit leur donner des qualitez d'heritier simple, de communs en biens, ou d'autres semblables, qu'elles ne veulent pas souffrir : De même on pourroit à leur insçû en inserer dont il ne s'agit pas dans la Cause ; c'est pourquoi elles en doivent convenir avant que l'Arrêt soit expedié, pour éviter les contestations, qui arriveroient sans cette précaution, & la difficulté qu'il y auroit de faire réformer l'Arrêt.

Cet Acte est à peu près conçû en cette sorte.

Entre A. Demandeur aux fins de l'Exploit du...... ou de la Requête par lui présentée le.. .... tendante a ce que .... d'une part & B...... Défendeur d'autre D... Procureur pour le Demandeur, & E.... pour le Défendeur : Oüis. LA COUR, &c.

Ces qualitez ayant été signifiées, on les porte au Greffier, lequel expedie l'Arrêt qui a été prononcé, sur le plumitif qu'il en a pardevers lui.

CHAPITRE III.

De la procedure des Causes par écrit.

CE qui vient d'être dit, concerne les Causes plaidées à l'Audience ; mais lors qu'elles en sortent, pour n'y plus rentrer, comme quand on a rendu Arrêt d'*écrire & produire* ; il y a une autre forme d'instruction.

L'on a dit cy-dessus, au titre premier, l'effet de cet Apointement, qui se donne lors qu'aux matieres non sommaires, & hors des exceptions dilatoires, & fins de non-proceder, on juge qu'une plus grande contestation est necessaire, cet Apointement, comme il a été dit, emporte le délai de huitaine, pour contredire; c'est ainsi qu'on y donne suite.

Apointement d'écrire & produire.

Chaque partie dans les délais qui lui sont propres, doit faire sa production au Greffe, c'est-à-dire, exhiber ses pieces par inventaire, dans la huitaine de la production :

Production & ses dépendances.

Elle doit être signifiée par le Procureur le plus diligent, par un acte signé de sa main, qui ne porte autre chose sinon.

A la Requête de ...... soit signifié à N. Procureur de .... que ce jourd'hui il a mis sa production principale au Greffe, afin que ledit ..... ait à produire de sa part, si bon lui semble dans le tems porté par l'Apointement en droit du ..... sinon qu'il en demeurera forclos : au bas l'Huissier met la signification faite à qui, & le jour.

Demande du Raporteur.

Les productions ainsi faites, la Partie la plus diligente ou son Procureur présente Placet à Monsieur le Premier Président, pour obtenir un Raporteur ; l'Apointement ne porte autre chose sinon le nom de celui qui est choisi pour Commissaire.

Il doit être signifié à la Partie dans huitaine ; à ce défaut, & ledit terme passé, si l'autre Partie presente un Placet & obtient un autre Rapporteur, la Commission du premier n'aura lieu.

Le Rapporteur est demandé en cette conjoncture, sans attendre l'instruction entiere du procès, à raison que la communication des pieces ne se faisant que par ses mains, & non au Greffe, selon l'article X. du titre 14. il est necessaire qu'il soit nommé, avant que la procedure soit achevée.

Par quels moyens les Parties sont forcloses.

Ces délais expirés, si l'une des Parties n'a pas satisfait, soit à écrire par griefs, & réponses, s'il s'agit d'un apel, ou à les signifier, soit qu'elle ait manqué de produire dans le tems, elle en demeure forclose de plein droit, sans autre Acte de sommation, ni de forclusion, si toutefois elle produit, avant que le procès soit jugé, sa production doit être admise.

Les pieces ainsi produites au Greffe, elles sont portées par le Garde-sacs au Raporteur, pour que par ses mains les Procureurs en puissent aller prendre communication, & les retirer sur leur recepissé.

Suite de production.

On ne peut toutefois prendre communication de la production de la Partie adverse, avant que le Procureur qui a demandé la communication, ait lui-même produit, ou qu'il ait renoncé à produire, par un Acte signifié, il porte.

A la Requête de .... soit signifié & declaré à ...... qu'il ne veut produire en l'Instance d'entre les Parties, suivant l'apointement en droit du ...... & y renonce en tant que de besoin, se reservant de contredire la production dudit .... après qu'il en aura eu la communication, dont Acte.

En ce cas l'article X. du titre

11. permet à celui qui a renoncé d'écrire, de dresser des écritures qui s'appellent contredits de production, par lesquelles il impugne les titres produits par la Partie, & conclut à ses fins principales : Ces écritures doivent être signifiées & copie donnée ainsi que des salvations, si l'autre Partie en fournit dans la huitaine, & à défaut de ce, lesdits contredit & salvations sont rejettés du procès suivant l'article XII. du titre 14.

La production se fait par un Inventaire exactement libellé, il porte en tête.

Inventaires des pieces.

Inventaire des pieces que produit ....N..., entre N..... Demandeur par Requête du ..... ou de l'Exploit de ...... Huissier en datte du ...... tendante à ....., Icy doivent être mises les conclusions du Demandeur. *Contre N ..... Défendeur. Laquelle production ledit N. fait sous le Benefice de toutes dûës protestations en vertu de l'Apoin-*

l'Apointement ...... du ......

Le fait doit y être narré succinctement, avec les raisons principales, qui appuyent le droit de la partie, & pour les verifier, il est dit que *l'on produit les titres suivans.* Lesquels sont libellez, & cottez ; & ensuite on donne copie à la partie dudit Inventaire.

Contestation en Cause.

C'est icy l'endroit où se devroit faire la contestation, suivant l'ancienne pratique ; mais l'Ordonnance en dispose d'une autre maniere par l'article XIII. du titre 14. qui veut que la Cause soit tenuë pour contestée par le premier Reglement, Apointement, ou Jugement, qui y interviendra, aprés les défenses fournies, encore qu'il n'ait pas été signifié : C'est pourquoi dans les Apointemens de preuves, on n'y doit plus ajoûter comme l'on faisoit autrefois ces mots ; *contestant plaids*, ni dans les Sentences, & Jugemens ces termes ;

litis contestation, conclusion, & renonciation faite en cause. Ce Reglement a été fait, afin que l'on sçache le tems auquel commence le délai necessaire, pour établir la peremption d'Instance.

Communication des pieces produites.

Lors qu'on veut faire des ajoûtances à la production, soit des Cedules dénonciatives, certificats, ou autres dépendans de la procedure, la communication se doit prendre par les mains du Rapporteur ; le Recepissé que les Procureurs lui donnent expriment la premiere & la derniere Cotte.

L'Ordonnance toutefois n'exclud pas, que quand l'un des Procureurs, a eu les pieces sur son Recepissé, il ne les puisse communiquer à celui de la partie adverse, ou les Avocats entre eux de gré à gré, pour éviter les continuelles, & importunes communications, & restitutions de pieces dont les Rapporteurs seroient fatigués.

C'eſt icy où l'on ne doit point manquer de fidelité, ni de bonne foy, les reſtituant préciſément dans le tems convenu, & revêtant toutes les pieces, ſans en retenir aucune ſous quelque prétexte que ce ſoit : En ſorte que ſi l'un d'eux venoit à y manquer, & qu'on fut obligé de recourir au Juge pour l'y contraindre, ou pour s'en plaindre, il ne pourroit éviter un châtiment, non ſeulement des dépens, dommages & interêts, mais encore d'amendes, & de plus l'empriſonnement de ſa perſonne.

L'Ordonnance qu'on fait de remettre les pieces entre les mains du Rapporteur dans un tel tems, porte ces mots. *Faute dequoi on condamne dés à preſent aux dépens & à....*

CHAPITRE IV.

Des nouvelles productions.

Des faits nouveaux.

APrès les Productions faites, si les parties ont des faits ou des titres nouveaux à alleguer, elles le peuvent faire en tout tems, pourvû que ce soit avant le jugement diffinitif rendu.

Si c'est pour faits nouveaux, on présente une Requête, qui contient la déduction sommaire du procès, puis les faits nouveaux ; & conclut *qu'il soit donné acte au suppliant de ce qu'il offre de faire preuve des faits cy-dessus articulés, tant par Titres que par Témoins, dans lequel tems il plaira au Juge :* Cette Requête & l'Ordre du Raporteur, doi-être signifiés & joints au procés, sauf à l'autre partie d'y répondre, par une autre Requête, ainsi que l'ordonne l'article XXVI. du titre II.

Nouveaux Titres.

Lors qu'il s'agit de production de nouveaux titres, on présente Requête qui en fait mention, ainsi que de l'état & qualité du procés, & conclut *à ce qu'il soit permis au suppliant de produire lesdites pieces par Production nouvelle, & ordonné qu'elles seront communiquées à partie dans le tems de l'Ordonnance, & en consequence de ce qui a été écrit & produit par le suppliant, ses fins & conclusions lui soient adjugées.* Cette Requête est apointée, *Soit la Requête & pieces communiquées à partie pour y donner contredits dans trois jours.*

L'autre partie peut, dans ce délai, écrire par Contredits, & l'autre par Salvations. Ce terme passé, on juge le procés, sans attendre ces écritures, si elles ne se trouvent fournies.

Inventaire des nouvelles productions.

L'on fait un Inventaire de ces nouveaux titres séparé de la production du procés ; on peut le commencer par ces mots : *Adjonction de production que M. remet & produit pour servir au procès qu'il y a pendant, en qualité de . . . . . . contre N . . . . . & pour faire droit sur les pieces fournies en ladite Cause au Rapport de Monsieur N Commissaire, & sur les conclusions choisies par N. avec adjudication de dépens, à l'effet de quoi il fait la production des pieces cy aprés.*

Si on fait une troisiéme & quatriéme production, elles s'intitulent : *Addition nouvelle par Adjonction aux précedentes, que remet, & produit . . . . N. . . . . au procès qu'il a pendant au . . . . . . en qualité de . . . .* Le reste se fait comme au précedent article.

Si les nouvelles positions de faits, ou productions de titres nouveaux exigent que l'on y rende un jugement, avant de prononcer sur la matiere principale, comme si l'on devoit apointer en preuves sur lesdits faits, ou ordonner de quelque autre maniere sur les nouveaux titres, les dépens sont ordinairement remis en fin de Cause par ces mots : *Les dépens reservés* ; n'étoit qu'il y eût aparence de vexation ; car le Juge pourroit dés lors prononcer sur les dépens préjudiciaux.

Il y a des cas ausquels les nouvelles productions sont jointes aux pieces de la Cause, & d'autres cas où elles sont jugées séparément ; ce qui sera traité cy aprés, Tit. des Matieres incidentes.

CHAPITRE V.

Des Preuves en general.

LE Procés étant instruit, & mis és mains du Raporteur, ou du Juge, s'il trouve la matiere disposée à un jugement diffinitif, il y prononce, ou apointe en preuves. Ce n'eſt pas qu'il ſoit neceſſaire d'attendre qu'on ait écrit par Contredits, & par Salvations, pour apointer en preuves; on peut le faire aprés les défenſes ſignifiées, ſi la choſe n'exige pas une plus grande conteſtation, comme l'on fait à l'Audience, ſur le plaidé des parties; mais on parle icy des procés apointé en droit, ou par écrit.

Preuves par tit. L'on apelle preuves, non ſeulement celles qui ſe font par témoins, & par les Experts, mais encore par confeſſion de la partie, & par titres. Celui qui a été apointé en preuves, & qui trouve des titres qui ſupléent à ce qu'il devoit prouver de vive voix, peut s'en ſervir en les ſignifiant à la partie, avec déclaration qu'il les employe pour toutes preuves: Dés lors celui à qui les copies en ſont délivrées, écrit par Contredits; & l'autre par Salvations dans les délais ordinaires, puis l'on en fait une production.

La confession de la partie se tire ordinairement par les Interrogatoires, qui étoient secrets en l'ancien Stile, mais qui sont public par le nouveau, & ne sont autre chose que ce que l'on nommoit Réponses aux faits. Il n'est pas necessaire de parler icy de la forme en laquelle lesdits Interrogatoires se doivent faire suivant l'Ordonnance de 1667. la lecture du titre 10. en donne l'entiere intelligence. *Interrogatoires.*

CHAPITRE VI.

Des Enquêtes, ou preuves par Témoins, & de leurs reproches.

POur admettre une preuve de vive voix, il faut que ce dont il s'agit, n'excede pas la valeur de cent livres, au dessus *Ce qui peut être prouvé par témoins.*

de laquelle les témoins ne sont pas reçûs, sinon qu'il fût question de dépôt necessaire, ou fait, en logeant dans une hôtellerie ès mains de l'hôte, ou de l'hôtesse, d'Incendie, Ruïne, Tumulte, Naufrage, & accidens imprévûs, desquels on ne pourroit fait des actes.

On peut de même faire preuves des droits qui viennent par succession, ou qui consistent en possession : En la perte des Registres, ou s'il n'y en a jamais eu, pour les Baptêmes, Mariages, & Sepultures, Capacités des Benefices, Receptions, Serment, Installations aux Charges, & Offices.

Lors que dans une Instance on a fait plusieurs demandes, dont il n'y a point de preuves, ou commencement de preuve par écrit, si ces demandes sont jointes ensemble, soient au-dessus de cent livres, les témoins ne seront pas reçûs, encore que les sommes ſoient pour diverſes cauſes, & de tems differens, excepté ſi les droits viennent par ſucceſſions, donations, ou autrement de perſonnes differentes.

La raiſon de l'Ordonnance, eſt fondée ſur la trop grande facilité des témoins, qui peuvent être corrompus, & ſéduits. De maniere que pour éviter ce danger, il a été jugé plus ſûr que les Actes & Contrats, qui ſervent au commerce, & qui excedent cent livres, ſoient redigez par écrit, ſoit pardevant Notaire, ou ſous ſeing privez, contre leſquels (à moins que le faux ne ſoit propoſé) on n'admet aucune preuve par témoins, encore qu'il s'y agit d'une ſomme, ou valeur moindre de cent livres, comme le tout eſt particulierement énoncé ſous le tit. 20. & 22. de l'Ordonnance.

Laquelle diſpoſe encore comme il a été dit, que les Apointemens de preuves contiendront ſpecifiquement les faits ſur leſquels doit tomber la preuve, pour ne pas s'entretenir à des dépoſitions, & à des frais inutiles, & permettre au Défendeur de faire preuve contraire.

Preuves dont il y a commencement par écrit.

Ce que les articles III. & V. du tit. 20. diſent du commencement de preuves par écrit n'eſt autte choſe, ſinon que quand on prétend faire une preuve par témoins, pour une ſomme, ou une valeur, qui excede cent livres, il faut avoir quelque écrit qui ſerve d'adminicule, ou de commencement de preuves de ce fait, comme ſeroit un Journalier, ou autre ſemblable preuve imparfaite, autrement le fait ne pourroit être prouvé de vive voix.

Commiſſion pour Enquêtes.

Le Commiſſaire, ſoit pour les Enquêtes ou deſcentes ſur les Lieux, nomination ou raports d'Experts, ne doit pas être le Raporteur du procès; mais un autre de ceux qui ont aſſiſté au Jugement.

Dans les Bailliages & autres Justices, les Juges qui ont rendu les Apointemens de preuves ne se peuvent commettre, mais en leur place le Lieutenant Local y vacquera, & au défaut de celui ci un Avocat, ou un Praticien selon l'ordre du Tableau.

Quand la chose n'est pas de telle importance qu'elle requiert la presence d'un Commissaire principal, ou que la distance des lieux doit causer de trop grands frais, ou que l'une des parties en fait requisition. LA COUR peut commettre le plus prochain Juge Royal des lieux, pour proceder à l'Enquête, sur tout si les Lieux où l'Enquête se doit faire, sont éloignés de la demeure des Juges Royaux, elle peut en matieres legeres, déleguer un Gradué, ou autre Juge subalterne, pour proceder au fait de ladite Enquête, pour éviter les frais aux parties.

Ces Juges Commis sur les lieux

peuvent choiſir pour Greffier une perſonne qui n'aura point de caractere, quand l'Enquête ſe fait hors la Juriſdiction où le procés eſt pendant, en lui faiſant néanmoins prêter le ſerment : Dans les autres cas, le Greffier, le Libellance, ou le Scribe doit être apellé pour vacquer à l'Enquête ; c'eſt ainſi que s'entend l'article XXV. du titre 22. de l'Ordonnance.

Il a été remarqué ci-deſſus, à l'égard des Apointemens rendus à l'Audience, que les preuves s'y doivent faire avec le reſte de la procedure, tant pour les reproches contre les Témoins, qui doivent être propoſés avant qu'ils ayent dépoſé, que pour le ſurplus de l'inſtruction.

Ainſi il ne reſte qu'à dreſſer la procedure des Enquêtes, deſcente de place, & raports des Experts, qui ſont ordonnés aux procés par écrit.

L'article II. du titre 22. ne

donné qu'un délai de huit jours, lors que l'Enquête se doit faire au lieu où le Jugement a été rendu, ou dans la distance de dix lieuës : Ce délai commence dés la signification du Jugement fait à la Partie, ou à son Procureur : S'il y a plus grande distance, il est augmenté d'un jour, pour dix lieuës, & peut être prorogé par le Juge (si l'affaire le requiert) que d'un pareil terme, & non plus.

Délais de preuves.

L'Enquête doit être achevée dans la huitaine, aprés lesdits délais expirez; au cas qu'elle ne soit pas achevée par celui qui la devoit faire, si c'est un procés d'Audience, l'art. IV. du titre 22. dit que sans forclusion d'Enquête, la partie peut poursuivre l'Audience sur un simple acte; mais dans les procés par écrit c'est sur un Certificat Alors il est ordonné, sur l'instruction ulterieure du procés, soit en admettant les reproches, ou en prononçant sur le principal.

Les témoins doivent être assignés à leurs personnes, ou domicile, & les parties au domicile de leurs Procureurs, en vertu de l'Ordonnance du Commissaire à jour & heure certaine pour voir prêter le serment desdits témoins. S'ils ne comparent pas, on differe d'une heure, à moins que les parties ne consentent à la remise d'un autre jour, dont est faite mention dans le procés verbal.

Citations & Examen des témoins.

Soit que la partie compare ou non au jour remis, ou à l'heure destinée, le Commissaire prend le serment des témoins presens, & procede à l'Enquête, nonobstant, & sans préjudice des oppositions, ou apellations, même comme de Juges incompétens, recusation, ou prise à partie, sauf à en proposer les moyens, & fournir de reproches aprés l'Enquête, suivant l'article IX. du titre 22. n'étoit toutefois que le

Juge

Juge fit l'Enquête dans le lieu de sa residence, parce qu'en ce cas l'article X veut que s'il est recusé, ou pris à partie, il sursoye jusques à ce que les recusations ou prises à parties soient jugées.

Si les témoins ne comparent à l'heure de l'Assignation, ou au plus tard, à l'heure suivante, ils sont condamnés à l'amende de dix livres, & contraints au payement par saisie & vente de leurs biens, & non par emprisonnement; si ce n'est qu'il fût ainsi ordonné par le Juge en cas de manifeste désobéissance: Avec cette difference toutefois, que la peine de la saisie, vente des biens, & de l'emprisonnement ne peut être ordonnée que par le Juge du procés, & non par le Commissaire.

Car les Commissaires, Enquêteurs & Examinateurs, n'ont l'autorité que de condamner les témoins refusans à l'amende de dix livres : Quoique toutes les peines, soit qu'elles soient adjugées par le Commissaire ou par le Juge, sont executées nonobstant oposition ou apellation, même encore que les Commissaires, Enquêteurs & Examinateurs n'ayent point de Jurisdiction.

Ce que contient le Procès verbal de l'Enquête.

La qualité de la Cause est insérée dans le procés verbal.

Il porte le nom du Juge, ou Commissaire, la date de sa commission, le nom de celui qui fait l'Enquête, & qui est apellé Demandeur aux fins de la Sentence ou de l'Arrêt de preuve, en date du ..... & des Exploits de N...... Huissier en date du ...... & de plus en confection & production de témoins : Contre N..... Défendeur & assigné ; & contre les témoins qui ne comparent pas.

Le Commissaire declare ensuite que de la part du Demandeur lui a été remontré le sujet de l'assignation, dont il déduit le fait en peu de mots, & lui donne acte de son voyage, s'il est exprés, de l'affirmation des faits, faite par lui ou par son Procureur. Et aprés qu'il a octroyé défaut contre le Défendeur, s'il ne compare; de même que contre les témoins absens: Il declare qu'il procedera à l'examen de ceux qui sont presens. Il ajoûte en son procés verbal, & par forme de titre les noms desdits témoins, leur âge, demeure, & qualités, s'ils sont parens ou domestiques, & fait mention du serment par eux prêté, & par là finit le procés verbal.

Le Corps de l'Enquête se fait dans un Cayer separé, & commence: *Enquête faite ce jourd'hui ..... en tel lieu pardevant Nous N. Commissaire, à Requête de N. suivant qu'il a été ordonné par l'Arrêt, ou la Sentence de ...... rendu entre lui & N. à laquelle Enquête a été par nous procedé avec N. Greffier, ou Clerc, &c.* Corps de l'Enquête, ce qu'il contient.

Aprés sont couchées les dépositions de chaque témoin oüi separément, & sans presence d'autre personne que de lui, & du Greffier. On met à la tête des dépositions le nom de chacun d'eux, sans qu'il soit besoin de repeter leurs âges, ni leurs qualitez, ni faire mention des articles sur lesquels ils ont été examinez, comme l'on faisoit autrefois.

Les témoins sont interrogés par le Commissaire, qui ne se doit servir d'attiquets, ainsi qu'on en usoit du passé; parce que les faits doivent avoir été distingués, & démêlez des raisons de droit, par les Ecritures, ou par une feüille separée, qui est presentée au Commissaire: On doit écrire tout ce que les témoins disent du fait sans y ajoûter ni diminuer aucune circonstance.

Si à la lecture qui est faite de la déposition, le témoin veut augmenter, diminuer, ou changer, il doit être écrit par apostille, & renvoy au bas signé par le Juge & le Témoin s'il sçait écrire; toutes les interlignes & renvois non signés, sont interdits & sans foy.

On ne doit pas obmettre à la fin de la déposition de déclarer, si le Témoin sçait ou ne sçait pas signer, ni lui refuser taxe s'il la demande au Commissaire. Les dépositions des Parens & Alliés sont reçûës: mais s'ils le sont au quatriéme dégré inclusivement, l'article XI. du titre 22. de l'Ordonnance les rejette, c'est à dire, qu'on ne les lit pas, & qu'on n'y a point d'égard; le XXI. article défend aussi d'examiner plus de dix témoins sur chaque fait.

Minutes des Enquêtes quand se remettent au Greffe.

L'Enquête achevée ceux qui auront été pris pour Greffiers en des Commissions particulieres, en doivent remettre la minute, ainsi que des procés verbaux, és

Greffes des Jurisdictions où le procés est pendant, trois mois aprés la Commission achevée, à peine de deux cens livres d'amende applicable en conformité du XXV. article dudit titre 22.

Cet article qui porte trois mois ne se doit entendre que des Greffiers pris en Commission particuliere & hors de la Jurisdiction, où le procès est pendant, à qui l'Ordonnance donne le terme de trois mois pour remettre leurs minutes au Greffe, & non aux autres.

La raison de ce délai est, parce qu'étant éloignés, ainsi que le suppose l'Ordonnance, & n'ayant aucun interêt au démêlé des parties, ils ne doivent pas être contraints à la fatigue d'un voyage précipité, ni obligés de quitter toutes leurs affaires, pour porter lesdites minutes : Il est d'ailleurs difficile que lesdits Greffiers tardent long-tems de satisfaire à ce devoir, parce que le desir d'être payez des frais de leur Commission, les sollicite assez, & les fait ordinairement prévenir lesdits trois mois.

Mais comme le retard pourroit plûtôt venir de l'une des parties, qui empêcheroit le Greffier de porter sa minute avant le tems : l'Article XXVIII. du même titre permet à la partie adverse de le prévenir, en sommant sa partie de lui donner copie de son procés verbal ; si elle n'y satisfait pas huit jours aprés, celui qui est diligent presentant au Greffier l'acte de la Sommation, & lui payant ses salaires, peut lever lui-même le procés verbal, & en donner la copie à sa partie, pour diligenter l'instruction.

Copie du procés verbal doit être donnée comme, & quand

Quand c'est la partie diligente qui a levé le procés verbal de son adversaire, on lui donne l'executoire des frais qu'elle a avancez pour les recouvrer sur son adversaire : Et si c'est le

Greffier qui ait fait son devoir, il prend lui-même du Juge l'Executoire de ses salaires contre la partie qui a fait vaquer à l'Enquête, aprés toutefois qu'il en aura remis la minute au Greffe. Les Salaires, Vacations, & journées sont reglez par l'article XXIII. dudit titre 22.

C'est-là la maniere de prévenir son adversaire, & d'empêcher qu'il ne se serve de tout le tems que lui accorde l'Ordonnance; mais quand chaque partie veut bien se servir de toute l'étenduë des délais, & ne pas avancer, celle qui a fait l'Enquête doit la premiere donner copie à l'autre du procés verbal, dans la huitaine; & celle-cy dans l'autre huitaine fournir de reproches contre les témoins.

Prorogation du délai.

Les Parties toutefois peuvent obtenir un délai de huit jours, pour lever & donner copie dudit procés verbal, quand les procés sont pendans au Parlement, ou

aux

aux Bailliages ; ou de trois jours seulement, lorsqu'ils sont dans les Justices inferieures, soit qu'elles soient Royales ou des Seigneurs & des Juges Ecclesiastiques ; en observant pour ce second délai la proportion & la distance des lieux remarqués en l'article XXXI. du titre 22. de l'Ordonnance.

Ce délai s'obtient à l'Audience aprés une sommation, lors que la preuve y a été ordonnée, ou sur Requête dans les procés par écrit : On en dresse une Sentence ou Arrêt, & il ne s'accorde que quand l'Enquête a été faite hors du lieu où le different est pendant, & à proportion de la distance & du tems qu'il faut employer, tant pour le voyage que pour le retour de celui qui a été envoyé pour lever ladite copie, à raison d'un jour pour dix lieuës.

Les procés verbaux desdites Enquêtes ayant été levés & communiqués, les Parties, avant d'avoir vû le corps de l'Enquête doivent fournir dans la huitaine des reproches contre les Témoins, non en termes vagues, & generaux, mais circonstanciez, & pertinents, à défaut dequoi ils sont rejettez suivant l'article I. du titre 23.

Reproches contre les témoins comme, & quand fournis.

Ils doivent être signez de la partie, ou du Procureur, ensuite d'un pouvoir special, & s'il est dit dans les reproches, que les témoins ayent été emprisonnés, pour crime, mis en decret, condamnés, ou repris de Justice, les faits de reproches seront reputés calomnieux, s'ils ne sont justifiés avant le jugement du procès, par des écroües d'emprisonnement, decrets, condamnations, & autres actes.

Les reproches contiennent cette conclusion, que les dépositions soient rejettées, & en cas de contestation, qu'il soit permis d'en informer comme faits pertinens & admissibles : Celui qui les a fait dresser en doit donner copie à la partie qui y peut fournir des réponses, & les signifier ; sans toutefois que le retardement puisse surseoir le procés, & si lesdites réponses ne sont signifiées, il est défendu par l'article III. du titre 23. d'y avoir égard.

Le XXVII. article du même titre, veut que si une partie ne fournit pas de reproches dans le tems, on procede au jugement du procés sans autre commandement ni sommation.

Copie des Enquêtes doit estre donnée quand & par qui.

Aprés les reproches, & les réponses aux reproches signifiées, la partie diligente doit donner copie de ses Enquêtes à l'autre ; ou si elle ne le fait pas, l'autre peut en lever une copie, pourvû qu'elle fasse apparoir au Greffe qu'elle a fourni & signifié ses moyens de reproches contre les témoins, ou d'un acte portant renonciation d'en fournir, dont elle laisse copie au Greffier, & lui avance ses droits & salaires, pour les recouvrer, sans attendre la fin du procés : Cependant elle en leve un Executoire, & y comprend les frais du voyage employé pour faire prendre les Expéditions, ou pour le salaire des Messagers.

Les mêmes délais qui sont donnez pour lever la copie du procés verbal, & pour la prorogation, sont les mêmes qui sont accordez pour la copie de l'Enquête ; car si la partie qui l'a faite, refuse de la donner, l'autre partie a un délai de huit jours pour la lever, en avançant les frais, & le tout, comme il a été dit cy-dessus.

Lors que les formalitez ordonnées pour les Enquêtes au titre 22. n'ont pas été observées, elles sont declarées nulles, & si la nullité vient de la faute du Juge, ou du Commissaire, il en est fait une nouvelle, à ses dépens, dans laquelle la partie pourra faire oüir de nouveau les mêmes témoins, ainsi qu'il est dit aux art. XX. & XXXVI. dudit tit. 22.

Suivant la pratique ancienne, avant de voir les pieces du procés, & d'y rendre Arrêt ou Sentence, il falloit juger si dans les reproches, & réponses aux reproches, il y avoit des faits qui meritassent preuves, mais par l'article IV. du titre 23. de l'Ordonnance, les Juges ne peuvent apointer les parties à informer sur les faits de reproches, qu'en voyant le procés.

Reproches en quel tems & comme ils doivent être jugés.

Il faut donc, aprés l'Enquête faite, les reproches, & les réponses aux reproches respectivement signifiez, les ajoûter à l'Inventaire, & mettre toutes pieces entre les mains du Juge, ou du Raporteur, pour y rendre Sentence ou Arrêt: Et alors on examine premierement les reproches s'ils sont pertinens, & admissibles. On voit aussi si les parties, à la vûë des Enquêtes, se sont retractées pat Requêtes, ou par sommation de quelques reproches qu'elles avoient formez contre aucun des témoins. Ce qu'elles font ou peuvent faire, quand à la vûë de l'Enquête elles ont remarqué que les dépositions, ne leur portent point de préjudice.

De maniere qu'aprés le fait des reproches examiné, s'il se trouve qu'il n'y ait rien qui mérite preuve, on passe au jugement diffinitif : Et s'il y a lieu de preuve, le Juge ordonne qu'il en sera informé : A quoi les parties doivent satifaire dans la huitaine, & les signifier, puis les ajoûter à leurs productions sans Certificat ni sommation, quoi que l'une des parties y manque, parce qu'on ne laisse pas de passer outre au jugement.

Auquel procedant, si les reproches sont suffisamment justifiez, les dépositions des témoins reprochez ne sont point lûës, & on n'y a aucun égard : C'est ce qui est ordonné par l'article V. du titre 23.

Les frais doivent être avancés, en la maniere qui sera dite à la fin du chap. suivant.

CHAPITRE VII.

De la Descentente sur les Lieux.

LA seconde espece de preuves est la Descente sur les Lieux: Quand elle est ordonnée, on en use à l'égard de la nomination du Commissaire, comme il a été dit pour l'Enquête, conformément aux articles II. & III. du titre 21. de l'Ordonnance.

La Partie qui veut faire vaquer à la descente, en consigne les frais, & requiert le Commissaire de passer sur les lieux, ce qu'il ne doit pas faire, sans cette requisition. Il désigne le jour & le lieu pour s'y trouver, sur une Requête qui lui est presentée ; & doit partir dans un mois à compter du jour de la requisition qui lui en a été faite, sans que le tems du voyage puisse être prorogé.

Autrement, sur une Requête presentée par la partie est donné Arrêt de subrogation d'un autre en sa place. La partie fait signifier cet Arrêt, requiert le nouveau Commissaire de se transporter sur les lieux, & prend son Ordonnance, pour donner un jour, & lieu certain pour s'y retrouver.

Trois jours avant le départ (pourvû que le jour du départ ait été signifié huit jours auparavant) les parties peuvent proposer causes de récusation contre lui ; & faute de le faire, il pourra passer outre, & ce qui est par lui fait, s'ordonne & s'execute nonobstant opposition.

ou appellation, prise à partie, & récusation, même pour causes depuis survenuës, sauf à y être fait droit après son retour, c'est la disposition de l'article VII. du titre 21.

La dénonciation du jour auquel le Commissaire doit partir, se fait par une signification donnée au Procureur de la partie.

La Procedure qui se tient en cette matiere, consiste aux Arrêt ou Sentence qui ordonnent la descente : A la Requête presentée au Commissaire pour se transporter sur les lieux, & donner jour aux parties pour s'y trouver : A l'Apointement ou à l'Ordonnance du Commissaire par laquelle il dit qu'assignation sera donnée à la partie pour comparoir un tel jour pardevant lui en son hôtel, sis en une telle ruë, pour par lui donner un jour certain pour proceder à l'execution d'un tel Arrêt ou Sentence : A la signification d'un acte que fait la Partie diligente, par lequel elle dénonce à l'autre que le Commissaire partira un tel jour. Et au procès verbal qui est en tout semblable à l'ancien usage ; en sorte qu'il n'est pas necessaire d'en donner icy une formule.

Les Commissaires doivent faire mention sur les minutes & sur les grosses des procès verbaux, des jours qui auront été employés pour se transporter sur les lieux, de ceux de leur séjour, & retour, de ce qui aura été consigné par chaque partie, du reçû des taxes faites pour la grosse du procès verbal, & de ceux qui auront assisté à la Commission, comme il est dit en l'article XIX. du titre 21. de l'Ordonnance.

L'article XXI. du même titre, veut que chaque partie avance les vacations de son Procureur, sauf à les repeter en fin de cause, si elle obtient condamnation:

Celui qui, outre l'assistance de son Procureur, voudra avoir un Avocat, ou autre pour son Conseil, doit payer ses vacations sans répetition ; que si le poursuivant se trouve obligé d'avancer les vacations pour sa partie, il lui en sera délivré un Executoire sur le champ. Le même se pratique aux Enquêtes.

CHAPITRE VIII.

Des Experts.

LA troisiéme espece de preuve, est la nomination, & raport des Experts, il faut qu'il y ait un Jugement rendu qui l'ordonne ; que le Commissaire soit nommé, qu'en vertu de son Ordonnance, les Parties soient assignées pardevant lui, pour nommer, & convenir d'Experts.

Si l'une des Parties ne compare pas, ou refuſe de nommer ou de convenir, l'on admet la nomination du Comparant, & pour le profit du défaut, le Juge en nomme un d'office ; il en uſe de même lorſque toutes les parties refuſent de nommer, il en revêt ſon procés verbal ; & dreſſe une Ordonnance pour les aſſigner.

Quand les Experts ſont recuſés, la recuſation doit être jugée ſommairement, & s'ils ſe trouvent ſuſpects, le Commiſſaire ordonne qu'il en ſera nommé d'autres en leurs places.

Ceux qui ſont nommés par les parties, ou d'office, ſont aſſignés pour faire le ſerment, & la partie pour le voir prêter ; au tems de la comparution eſt mis és mains des Experts l'Arrét ou Sentence qui ordonne la viſite, & enſuite ils doivent vaquer inceſſamment, à la viſitation de ce dont il s'agit.

Ils délivrent au Commiſſaire

leurs raports, ou minutes pour être attachez à son procès verbal, & être transcrits dans la grosse en un même Cahier. S'ils se trouvent contraires en leurs raports, chacun d'eux fait le sien séparément, & le Juge, ou Commissaire nommé d'office, le Juge en nomme un tiers qui est assisté des autres en la visite. A cet effet il fait une Ordonnance pour que ledit tiers soit assigné pardevant lui pour prêter le serment, & les parties pour le voir faire.

Si tous les Experts conviennent, ils donnent un seul avis, par un même raport ; s'ils sont differens chacun donne le sien ; ces avis sont mis entre les mains du Commissaire, pour être transcrits, dans son procés verbal, comme le précedent.

Les Formules des Jugemens des Ordonnances des Procès verbaux, & des Assignations sont faciles, aprés ce qui a été dit ci-dessus.

Dans les matieres, où il n'échet qu'un simple raport d'Experts, les Juges ne font point de descente sur les lieux, s'ils n'en sont requis par écrit, par l'une ou l'autre des parties, ainsi qu'il est raporté en l'article I. du titre 21.

La requête qui doit être dressée pour cette requisition ne porte autre chose, sinon *que le Commissaire est suplié par un tel, de se transporter en un tel lieu, pour être present à la visitation qui sera faite des lieux dont il s'agit, en execution du Jugement rendu, entre tel & tel, un tel jour.* Le Commissaire apointe en disant *qu'il ordonne que la visitation sera faite en sa presence, & qu'à cet effet, il se transportera sur les lieux dont il est question.*

CHAPITRE IX.

Comme s'acheve la procedure aprés les preuves, ou lors qu'il n'y en a point d'ordonnées.

LEs procès verbaux tant des descentes sur les lieux que des nominations, & raports d'Experts, se communiquent, & sont joints au procés, ainsi qu'il a été dit de l'Enquête, aprés que les pieces ont été remises entre les mains du Raporteur; pour passer au Jugement diffinitif, si l'une des parties n'a pas fait sa production, il faut qu'elle en soit requise par trois Sommations, & qu'elle en demeure forclose, par le Certificat que le Greffier donne de la non production: En voicy les Formules:

Acte de sommation de produire.

N..... Demandeur par Requête du ...... contre N...... Défendeur, dénonce audit Défendeur qu'il a produit ses pieces au Greffe de la Cour ou d'une telle Justice, l'interpelle de produire de sa part, sinon proteste de faire passer outre au Jugement sur sa seule production. Fait à ...... signé N.... Procureur du Demandeur : Au bas est la signification faite par l'Huissier.

La seconde porte : *N...... Demandeur par Requête du .... contre N..... Défendeur, dénonce audit Défendeur, comme il a fait cy-devant, qu'il a produit dès long-tems au Greffe, & l'interpelle d'y satisfaire :* La date, la signature du Procureur & la signification de l'Huissier doivent être aposées comme au precedent.

La troisiéme, *N...... Demandeur par Requête du ...... contre N...... Défendeur, interpelle pour une troisiéme fois ledit Défendeur de produire de sa part en ladite instance au Greffe de la Cour* ou du Bailliage; *& de joindre sa production à celle du Demandeur,*

&

& faute de ce, il proteste de faire incessamment passer outre au Jugement & de recouvrer tous interêts & dépens : Datté, signé & signifié comme cy dessus : Au bas de ce troisiéme billet est mis & signé par le Greffier le Certificat en ces termes :

Il est certifié que ledit N..... n'a écrit ni produit le .....

Dès lors le procès est en état d'être jugé, soit que l'une des parties ne produise pas, ou qu'elle fasse sa production.

Encore que lesdits billets de sommation soient conçûs en la personne du Demandeur ; parce qu'il lui est plus naturel de poursuivre, qu'au Défendeur ; celui-cy néanmoins peut sommer le Demandenr de produire & le forclore de même maniere, s'il veut diligenter & conduire la Cause à son terme, qui est la Sentence ou l'Arrêt, qui y sont rendus, & qui finissent cette procedure.

TITRE III.

Des Procedures en matiere de Défauts & de Congés.

Combien il y a d'especes de Défauts.

APrès l'instruction d'un procès qui a été poursuivi sans interruption, on doit sçavoir de quelle maniere la procedure doit être faite, quand il n'a pas ses suites ordinaires & reglées ; ce qui arrive 1. Lors que l'une des parties n'a point constitué de Procureur. 2. Qu'elle ne satisfait pas à écrire & produire, ou à donner copie de ses Titres. 3. Lors qu'elle ne se trouve pas à l'Audience au jour qu'elle lui a été dénoncée. 4. Quant en matiere d'Apel elle manque de conclure, le tout dans les délais de l'Ordonnance.

Il faut être averti 1°. Que pour obtenir défaut il est necessaire, suivant les Articles III. VII. VIII. & IX. du titre 2. de l'Ordonnance, que l'Ajournement soit fait à la personne ou au domicile du Défendeur, ou de l'Intimé; si on ne trouve personne au domicile, l'Exploit doit être attaché à la porte & le proche Voisin averti, qui signera l'Exploit dans lequel il est fait mention, s'il ne le veut, ou peut le signer; s'il n'y a point de proche Voisin, l'Exploit doit être paraphé par le Juge, qui doit dater son paraphe, & en son absence ou refus par le plus ancien Praticien, sans que lui ni le Juge en puisse prendre aucun émolument.

Ajournemens, comme se donnent aux présens & absens.

2°. Les Assignations sur la Frontiere qui se pratiquoient envers les Etrangers, sont abrogées, mais à l'égard de ceux qui sont hors du Royaume, il suffit qu'il soient ajournés ès Hôtels des Procureurs Generaux des Parlemens où ressortissent les Apellations des Juges, devant lesquels ils sont assignés.

3o. Les Condamnés au Bannissement, & aux Galeres à tems, les absens pour faillite & pour voyage de long cours, ou hors du Royaume, sont assignés aux derniers domiciles qu'ils ont eu avant leur départ, sans qu'il soit besoin de perquisition ni de création de Curateur.

4o. Quant à ceux qui n'ont eu aucun domicile connu, ils doivent être assignés par un seul cri public, au principal marché du lieu de l'établissement du Siege où l'Assignation est donnée, & quoiqu'il ne faille point de perquisition; néanmoins l'Exploit doit être paraphé par le Juge des lieux sans frais.

5o. L'Ordonnance ne se sert point du terme de Contumace, sinon en matiere Criminelle; parce qu'en matiere Civile la pluralité des défauts n'est pas requise, un seul est suffisant pour faire passer outre au Jugement diffinitif, quand la chose y est disposée ; car si elle requiert des preuves, on les ordonne avant de prononcer au fond.

Défaut faute de comparoir.

Voicy l'ordre qui y doit être tenu ; le Demandeur, aprés les délais qui sont accordés au Défendeur, depuis le jour de l'assignation échûë, va au Greffe voir si le Défendeur y a mis sa comparution, & au cas qu'il n'en trouve point, ni de constitution de Procureur, il donne au Greffe sa Cedule signée de sa main, qui contient les qualités de la Cause ; le Greffier la collationne, & en marge met *délivré le*....... puis le notte sur son cahier.

Il porte en substance, *Défaut à N*........... *Demandeur aux fins de l'Exploit, ou de la Requête d'un tel jour*. .... *tendante à ce que*........ *comparant par N*..... *son Procureur, contre*

N. .. Défendeur & Défaillant, à faute de comparoir. Fait à .... ce .... de ......

Comme se juge le profit du défaut aux Justices inferieures.

Aux Justices Royales & Inferieures ; le Demandeur, qui a levé le défaut, donne sa présentation, autrement dite les qualités de la Cause au Greffier, pour l'Apeller à l'Audience, où le Juge prononce sur les fins du Demandeur, en déclaration du défaut suivant l'article III. du titre 5. si ce n'est quand l'Exploit de l'assignation contient plus de trois chefs de demandes : C[illegible] alors le Juge peut faire mettre les pieces sur le Bureau, & icelles vûës, prononcer (sans toutefois aucunes épices) sur le profit dudit défaut.

En ce cas sa Sentence fait mention que *les pieces ayant été mises sur le Bureau, & icelles vûës, défaut a été donné au Demandeur contre le Défendeur faute de comparoir, & pour le profit d'icelui, ordonné & ordonne,*

&c. Car l'article V. du titre 11. veut que pour le profit d'un défaut seul les Conclusions soient adjugées au Demandeur (si elles sont trouvées justes, & suffisamment verifiées) & qu'il ait les dépens, non seulement du défaut, mais encore du principal, & de tout ce qui s'en est ensuivi.

Profit des Défauts au Parlement.

Au Parlement on ne declare point à l'Audience le profit du défaut ; mais quand il a été levé au Greffe, & que le délai porté par l'article V. du titre 3. est expiré, le Procureur dresse un inventaire, qui contient les requisitions des profits du défaut & les pieces justificatives. Ensuite il donne un Placet à Monsieur le Premier Président pour être pourvû d'un Raporteur entre les mains duquel les pieces sont remises par le Procureur ; l'Inventaire peut commencer ainsi.

Formule d'inventaire.

Pour avoir le profit du défaut à faute de s'être presenté & avoir constitué Procureur, levé au Greffe de la Cour par N. Greffier en icelle, le ..... en la cause pendante en ladite Cour.

Entre N..... Demandeur aux fins de .... d'une part, contre N...... Défendeur d'autre part; ledit N...... Demandeur requiert, qu'en declarant ledit défaut bien & dûëment obtenu, le Défendeur soit condamné &c........ pour les raisons résultantes des pieces cy-aprés rapportées, & autres de droits qu'il plaira à la Cour de suppléer.

Ausquelles fins ledit N..... Demandeur produit premierement un tel titre, qui est le fondement de son action, *par lequel il se reconnoit que &c. ledit titre cotté, premier.*

Suivent les Cottes, ainsi que l'on fait dans les autres inventaires; sauf que la derniere est le placet presenté à Monsieur le Premier President, sur lequel un tel a été commis pour faire raport

raport dudit défaut.

Le raport étant fait, la Cour y donne un Arrêt, par lequel Elle dit *que le défaut est bien & dûëment obtenu, & pour le profit d'icelui le Défendeur condamné, &c.*

On en use de même lors qu'il y a défaut pour n'avoir point constitué Procureur.

Défaut faute de Procureur.

Une chose à remarquer tant à l'égard de ce défaut que du suivant, que s'il arrive que le Défendeur qui n'a pas constitué Procureur, ou n'a pas fourni ses défenses dans le tems, y satisfasse avant le Jugement du défaut, il paye les frais du défaut qui a été levé au Greffe, suivant l'article VI. du titre 11. desdits délais de procedures.

Le Défendeur peut encore faire défaut quoiqu'il ait comparu & constitué Procureur, s'il n'a pas donné copie de ses défenses, & des pieces justificatives.

Défaut faute de donner défenses.

Ce défaut se leve comme le

Précedent dans les délais aprés l'écheance de l'assignation suivant l'article V. du titre 3. & l'article I. du titre 5. de l'Ordonnance, mais il a cela de singulier, qu'il doit être signifié au Procureur du Défendeur, & huit jours aprés cette signification (lors que la Cause est pendante au Parlement) on le donne à juger comme le précedent.

Dans les autres Jurisdictions, le défaut de fournir défenses, & de donner copie de titres justificatifs, est jugé à l'Audience, aprés la signification faite au Procureur du Défendeur incontinent aprés que les délais de l'Ordonnance & de l'Assignation sont expirés.

Le Jugement sur cette espece de défaut porte, que *Défaut a été octroyé à tel .... Demandeur aux fins de l'Exploit d'un tel .... jour tendant à .... contre tel Défendeur, & défaillant faute de défendre, & pour le profit d'icelui condamnés, &c.*

Lors qu'on a fourni de défenses, & que la Cause étant apointée en droit, une partie a manqué de fournir Contredits & Salvations, on n'éleve pas un défaut au Greffe, comme l'on fait faute d'avoir fourni défenses, mais on y procede par forclusion, qui ne consiste qu'en une sommation que l'une des parties fait à l'autre, de satisfaire à l'apointement *en droit*, suivant qu'il a été marqué cy-dessus au titre de l'*apointement* en droit.

La troisiéme espece de défaut se commet faute de comparoir à l'Audience, au jour auquel elle a été dénoncée suivant l'article IV. du titre 14. le profit se juge à l'Audience par les Juges Subalternes comme les précedens ; de même au Parlement. Si la Cause se trouve en état d'être portée à l'Audience, le profit du défaut y est jugé, & néanmoins si le défaut n'est point donné à

Défaut faute d'être à l'Audience.

tour de rôle ; il est permis à celui contre qui le défaut a été jugé de revenir par opposition, dans la huitaine du jour de la signification faite de l'Arrêt à son Procureur, aprés laquelle il n'y est plus reçû.

Défaut faute de conclure en Apel. Il y a une quatriéme sorte de défaut, qui arrive en matiere d'Apel, & qui s'octroye faute de conclure ; ce défaut se leve au Greffe du Siege superieur, ou l'Apel est dévolu, suivant l'article XIX. du titre 11. de l'Ordonnance, & aprés avoir été signifié, il est ajoûté à la production ou à l'inventaire du Poursuivant, laquelle est au Greffe, & de-là se porte au Commissaire ou Raporteur.

Ce défaut, ainsi que la forclusion en Apel se juge rarement, quand il y a un Procureur constitué, & que le procès est contradictoire, parce que les Raporteurs ont coûtume de faire avertir les Procureurs, qui sont en retard, lesquels ne manquent pas sur cet avertissement de produire & conclure ; s'ils y manquent, pour le profit du défaut, ou de la forclusion, on juge au fond, sur ce qui se trouve produit.

Congés en instance & appels.

Ce qu'opere le défaut contre le Défendeur, & l'Intimé, il fait le même au profit du Défendeur contre le Demandeur & l'Apellant, qui manquent de satisfaire à ce qu'ils doivent ; on nomme ces défauts, des congés.

La formule contient les qualités de la cause, & ensuite *Congés à ..... Défendeur, contre .... Demandeur ou à ...... Intimé, contre .... Appellant du jour de* ...... qui est le jour auquel l'Assignation est échûë.

Profit des congés en causes d'instance.

Les Congés se levent & se jugent de la même maniere que les défauts, sauf que comme le Demandeur n'est pas obligé de mettre son Acte de constitution de Procureur au Greffe, parce qu'il en a dû faire l'élection par son Exploit, le Défendeur n'a qu'à observer le tems de l'écheance de l'assignation, pour lever le congé, & au lieu de parler de défaut, on dit congé; lors qu'on en demande le profit, on dit, *pour le profit dudit congé le Défendeur conclud par ses demandes, à ce que le Demandeur soit débouté de sa demande, & condamné aux dépens.*

La prononciation ou la Sentence porte le même. Quelques-uns prononcent de cette sorte. *Nous avons donné congé au Défendeur contre le Demandeur, & pour le profit d'icelui nous déchargeons le Défendeur de la demande, & le renvoyons absous de l'Assignation à lui donnée à la Requête du Demandeur, lequel nous condamnons aux dépens.*

Encore qu'on ait remis de traiter des Causes d'Appel, après qu'on aura parlé de celles de premiere Instance, pour éviter repétition, il est à propos de sçavoir.

Qu'aux Causes d'Apel le profit des défauts, pour les Apellans, consiste *à la déclaration que le défaut a été bien & dûëment obtenu, & pour le profit d'icelui, l'Intimé déchû du profit de la Sentence & condamné aux dépens, tant de la Cause principale que d'apel dudit défaut, & de tout ce qui s'en est ensuivi.* *Profit des Défauts en apels.*

Si toutefois l'Apel étoit d'incompétence, ou de déni de renvoy, le profit du défaut n'est pas de conclure qu'on prononce en fond, mais seulement que *l'Intimé est déchû du profit de sa Sentence, & les parties renvoyées au Juge devant lequel l'Apellant a requis le renvoy pour y proceder sur sa demande, sur laquelle ladite Sentence est intervenuë, & l'Apellant condamné aux dépens de la Cause dudit défaut, & de tout ce qui s'en est ensuivi :* Cette conclusion contient le dispositif de l'Arrêt ou de la Sentence ; qui, pour ce, n'a pas besoin d'autre formule. La principale difference est que les procès d'apellations se jugent au Parquet par l'avis de Messieurs les Gens du Roy, lequel est ensuite reçû à l'Audience par maniere d'apointement.

Profit des congés en apels.

Le profit des congés aux Causes d'Apel soit contre l'Apellant, qui a manqué à ses devoirs, ou contre un Apellant, qui a été anticipé ; c'est à dire, obligé par sa partie d'avancer le tems de son Apellation. L'on prononce *que le Congé a été bien & dûëment obtenu, & pour le profit l'Apellant declare déchû de son Apel, & condamné en l'amende & aux dépens de l'Instance.*

Consign. de l'amende en apel.

Les Apellans, non plus que les Intimés, ne peuvent faire juger aucun défaut ni congés, qu'ils n'ayent consigné l'Amende ordinaire ; sçavoir, de six livres monnoye du Royaume, à l'égard des Apellations au Bailliage, & de douze livres au Parlement : l'on n'admet pas même le plaidé de l'Avocat ou du Procureur, s'il n'apert du consing.

Ces sommes sont renduës sans frais, aprés que la Sentence est infirmée ; mais si elle est confirmée, si c'est l'Intimé qui a consigné l'amende, il l'a peut employer en dépens contre l'Apellant, & la repeter contre lui.

Il y a encore un autre sorte de défaut, qui peut arriver incidemment, dans une instance, où l'une des deux parties principales a droit de recours contre une tierce personne, comme en garantie, ou autres semblables ; la partie fait assigner l'autre, & conclut en sommation contr'elle ; c'est-à-dire, à ce qu'elle ait à entrer en Cause & faire ce dont elle est requise, en ce cas on observe les mêmes délais pour comparoir, & pour défendre, & le même ordre pour dresser les

Défauts en demãdes incidentes.

défauts, excepté que le profit ne peut pas être jugé diffinitivement.

Mais seulement le Juge *déclare que le défaut a été bien & dûëment obtenu, que pour le profit, il a joint ledit défaut à l'instance principale pendante entre N........ sous la qualité de Demandeur ou Défendeur, contre N...... pour en jugeant y être fait droit ainsi que de raison, dépens reservés.*

Ce Jugement doit être signifié par la Partie qui a obtenu le défaut, & par elle produit au Greffe du Tribunal, où la demande incidente est pendante.

Rabais des défauts & congés.

Quoique l'on procede au jugement de la Cause pour le profit des Défauts, & des Congés, on peut néanmoins en empêcher l'effet, en faisant rabattre (ce que l'on apelloit autrefois reparer) lesdits Défauts ou Congés, par la comparution que fait en la même Audience celui contre qui le Jugement a été rendu : En ce cas l'on ne délivre point d'expedition aux parties des Sentences obtenuës par Défaut, ou Congé, ni de celles qui ordonnent le rabais, à peine de nullité, & de vingt livres d'amende contre chacun des Procureurs, & Greffiers qui y auront contrevenu.

Ainsi il n'y a point même de dépens, pour cette premiere fois, parce qu'il peut arriver qu'il n'y aura point de faute de la partie, & que les Avocats & Procureurs auront été occupés à d'autres Audiences, ou légitimement empêchés : Mais aussi crainte qu'il n'y ait de l'artifice, & du dessein d'éloigner, on leur ordonne de plaider à la prochaine Audience, à laquelle si la partie ne compare pas l'on prononce un défaut, pour le profit duquel les conclusions sont adjugées ; si la partie ne se pourvoit dans la huitaine du jour de la signification faite au Procureur, l'Arrêt passe en force de chose jugée.

TITRE IV.

Des reprises de la Cause & des tems pour déliberer.

CEs Actes regardent l'interruption faite dans une cause, tant par la negligence des Parties, que par la mort de l'une d'icelles. Il y est pourvû par les titres 7. & 26. de l'Ordonnance, dont l'un traite des Délais pour déliberer ; & l'autre de la forme de proceder aux Jugemens : Ils sont clairs & la procedure facile, par la lecture des Articles de l'un & de l'autre titre.

Il faut seulement remarquer que l'article XVIII. du titre 2.

des Coûtumes generales du Comté est abrogé par l'article V. du titre 7. de l'Ordonnance. Par cette Coûtume la femme, pour se délivrer des dettes de la Communauté, devoit renoncer pardevant le Juge, ou un Notaire, & des témoins, ou à défaut d'eux, ce devoit être en presence du Curé, ou Vicaire du lieu, avant que l'on tirât le corps du mari hors de l'Hôtel. Et quand elle étoit absente, elle devoit renoncer dans 24 heures, dés le tems auquel la mort du mari étoit venuë à sa connoissance.

Cette grace étoit accompagné de circonstances difficiles d'accomplir par une personne affligée, & hors d'état d'aller prés d'un Juge, ou d'un Notaire : Il est vray que c'étoit une précaution pour empêcher que la femme, ayant plus de tems, n'eut plus d'occasion de divertir les effets, & les meubles.

L'Ordonnance de Sa Majesté a plus d'humanité, & plus de sûreté, parce qu'elle donne à la femme trois mois, & quarante jours pour essuyer ses larmes, & pour prendre conseil : Mais aussi pour empêcher qu'elle n'abuse de cette liberté, & que les effets de la Communauté soient en assurance, l'Ordonnance l'oblige de faire Inventaire dans lesdits trois mois, & de renoncer dans quarante jours après lesdits trois mois expirés, n'étoit que l'Inventaire fût achevé avant les trois mois, parce que dès lors les quarante jours commencent à courir.

L'heritier a les mêmes délais de 3. mois, pour faire l'inventaire, & quarante jours pour déliberer, à prendre l'un & l'autre du jour de l'ouverture de la succession : les articles III. & IV. du même titre reglent la prorogation desdits délais. Ainsi ce titre n'a pas besoin de plus grande explication.

TITRE V.

Procedure des matieres Incidentes.

CHAPITRE I.

Des Incidens en generales.

CE terme d'Incident comprend tout ce qui arrive dans la Cause, soit d'instance, ou d'apel, aprés qu'elle a été apointée au principal : C'est pourquoi les Exceptions dilatoires ne sont proprement des incidents, parce qu'elles devancent l'entrée, & sont préliminaires de la matiere principale.

Les Incidens arrêtent quelquefois l'instruction du procés ; d'autrefois non, selon la nature de la chose de laquelle il est question : Ils doivent être commencés par Requête, laquelle, outre les Conclusions ordinaires & naturelles au sujet, porte que le Demandeur *insiste à ce qu'il lui soit baillé acte, de ce que pour toutes écritures & productions, il employe le contenu en sa Requête, & en consequence insiste a ce que le Défendeur, soit tenu de fournir de réponses, écrire & produire dans trois jours.*

On ordonne differemment sur ces Requêtes, car lors que la chose ne peut pas facilement être jugée, sur les mêmes raisons qui ont été contestées dans l'Instance, comme quand le sujet de l'incident n'y a pas été agité, & que néanmoins on espere qu'il pourra être jugé, sans le joindre à la matiere principale, alors on appointe la Requête par *viennent*

les

les parties, & la Cause se porte à l'Audience.

Que si avant que d'être plaidée, les Avocats ou Procureurs jugent, aprés avoir vû les exceptions & les raisons des parties, que la Cause ne se peut vuider sur le champ, & séparément de la matiere principale ; on ne plaide pas, mais ils prennent entr'eux l'Appointement, qui porte. *La Cour oct oye au Demandeur Acte de l'emploi, sera tenu le Défendeur de fournir des défenses, écrire & produire dans trois jours, & joint au Procés.*

Dans ce délai de trois jours, le Défendeur ou l'Intimé, est tenu de faire donner au Procureur du Demandeur ou de l'Appellant, copie de sa Requête, de l'Inventaire, de sa Production, & des pieces qui y sont énoncées, lesquelles, avec celles du Demandeur, sont remises entre les mains du Raporteur de la cause principale, sans poursuivre l'Incident à l'Audience, à moins que la cause principale n'y dût être jugée.

La raison de cette difference est, que l'Ordonnance veut que sous prétexte des Incidens, on ne tire pas les Procès en longueur: Et que quand le Juge connoît qu'il y a de l'affectation ou de la vexation, il doit faire porter l'Incident à l'Audience, pour essayer s'il peut y être vuidé.

C'est pourquoi l'art. XXIV. & XXV. du titre 11. défend aux Juges de prendre des épices sur les Incidens, soit des Causes d'instance, ou d'apel, & qu'on y donne des contredits, parce qu'elle veut qu'ils se jugent sommairement.

Delà vient aussi, que par la Requête tendante à Incident, le Demandeur, pour montrer qu'il ne veut pas fuïr, dit: Qu'il employe son exposé, pour toutes écritures & production, & qu'on lui en donne Acte, comme on fait par l'apointement en ces mots, *Acte de l'emploi.*

Par cette même raison l'article XXVII. dudit titte 11. veut que tous les Incidens soient formez par une même Requête, à laquelle il soit répondu par une autre, c'est à dire, par une seule réponse. En sorte que si la partie, qui a plusieurs Incidens à proposer, veut les former par plusieurs Requêtes, les secondes ne seront pas apointées, comme celles dont il vient d'être parlé, & ne porteront point de délais, comme les premieres, mais seulement en cette maniere, *Acte, & soit signifiée. Fait le* ......

Ce qui a été dit, que tous les Incidens seront formez par une même Requête, ne doit pas être entendu, que tous ceux qui peuvent survenir dans un procés, doivent être prévûs par une partie, pour les joindre tous ensemble. L'esprit de l'Ordonnance est, que si, au tems qu'une partie forme un Incident, elle en a d'autres qui lui soient ouverts, elle les doit tous comprendre dans une même Requête, au lieu de les multiplier par plusieurs.

La partie défenderesse en Incident, & qui est apointée d'y répondre, dresse ses Réponses; ou une Requête qui les contient; elles les signifie, avec copie de ses pieces justificatives; on porte le tout à l'Audience, si elle y peut être vuidée, ou si elles ne les peuvent être qu'avec le principal, on les joint au Procés, pour être sur icelles, & sur celles du Demandeur en Incident, fait droit diffinitivement, ou autrement en jugeant le Procès.

CHAPITRE II.

Des Interventions.

TOus les Incidens d'intervention se portent à l'Audience, les Requêtes qui sont presentées pour être reçû intervenant, tendent à ce que *le Supliant soit reçû tel en l'Instance, & faisant droit sur son intervention conclut, &c. Et de plus demande Acte de ce que pour tous moyens, écritures, & productions d'intervention il employe le contenu en sa Requête*, comme il a été dit au Chapitre precedent.

Elle est apointée par *viennent les parties*, le Supliant en Intervention en donne copie, & des pieces justificatives, puis fait une Sommation pour venir à l'Audience, dans les Justices Subalternes: Elle se porte au Parlement dans les Chambres, où se trouve le Rapporteur du Procés principal : Cette intervention y est plaidée, & jugée, ou contradictoirement, ou par défaut sur la premiere assignation, sous les peines contenuës en l'article XXVIII. du titre 11.

Le Jugement porte que *le Demandeur est reçû partie intervenante en l'Instance dont est question, & à lui donné Acte de l'employ* : Ensuite on prononce sur le fait dont il s'agit. Car si l'intervenant n'est pas bien fondé en sa Requête, il en est debouté & condamné aux dépens : Si le droit n'est pas clair, on joint l'intervention à la cause, & s'il est fondé & que la chose y soit disposée, on lui adjuge ses fins.

L'on a traité cy-dessus des productions nouvelles & des positions de nouveaux faits, qui sont des Incidens, mais qui néanmoins ont cette difference avec les autres, qu'ils souffrent des Apointemens en droit : Ainsi l'intelligence de la procedure, qui y doit être observée, est facile, si on veut se souvenir de ce qui en a été dit.

CHAPITRE III.

De la garentie.

Assignations & delais en garentie.

LA matiere de garentie est de même nature : Elle se commence, ou par Arrêt obtenu sur Requête, ou par Commission de Chancellerie, lors que la cause principale est pendante au Parlement : Dans toutes les autres Justices, elle se commence par un Exploit libellé, comme il a été dit des Instances : En toutes Jurisdictions on y observe les mêmes délais, que ceux qui ont été reglés au sujet des Ajournemens. Le Demandeur donne copie des pieces justificatives, ou l'extrait d'icelles, avec Exploit, & le Défendeur ses défenses avec copie de ses titres, & la cause est portée à l'Audience.

Celui qui veut faire assigner un Garand, doit le faire, dans la huitaine du jour de la signification de l'Exploit de la demande originaire, & du tems qui sera necessaire pour apeller le Garand, selon la distance du lieu de la demeure, à raison d'un jour pour dix lieuës, & autant pour retirer l'Exploit.

Le Défendeur originaire ne peut esperer d'autre délai pour amener Garand, quoique la matiere soit privilegiée; sauf toutefois d'être pourvû sur la garentie, aprés le jugement rendu en l'instance principale.

Il y a un seul cas, qui sert d'exception à cette regle, & qui est contenu en l'article III. du titre 8. de l'Ordonnance: Sçavoir, lors que le Défendeur originaire est assigné en qualité d'heritier, & qu'il a délai pour déliberer, ou si la veuve est assignée en qualité

lité de commune. En ces cas le délai de garentie ne commence de courir, que du jour que les délais de déliberer sont expirés.

S'il y a contestation sur le délai d'apeller Garent entre le Demandeur originaire & le Défendeur, c'est un Incident qui se doit juger sommairement à l'Audience, ensuite d'une Sommation.

On doit sçavoir qu'il y a deux especes de garentie : l'une s'apelle formelle, qui est dûë ou demandée aux matieres réelles. Ce Garand est tenu de prendre le fait & cause :

L'autre garentie se nomme personnelle, parce qu'elle a lieu dans les causes personnelles ; en celles-ci le Garand ne prend point le fait & cause, mais il est seulement obligé d'y assister le garenti ; c'est-à-dire, le Demandeur en garentie.

Or l'un & l'autre de ces Garands ont cela de commun, qu'ils

doivent proceder en la Jurisdiction où la demande originaire sera pendante; si ce n'est que le garand soit privilegié, & qu'il demande le renvoi pardevant son Juge.

Pour l'obtenir, ce doit être en défendant; sçavoir, qu'il soit tiré en une Cause déja pendante, ou qu'il y intervienne. Car s'il agissoit par anticipation, & qu'il prévînt l'action de garentie, il ne pourroit évoquer la Cause principale, qui seroit pendante à une autre Jurisdiction.

Mais dans le cas où il peut decliner, il n'est pas necessaire, comme il étoit autrefois, que le Garand ait pris auparavant le fait en cause: C'est assez qu'il soit cité en garentie.

Le Juge toutefois doit prendre garde que la demande originaire n'ait été formée que pour tirer le garent hors de sa Jurisdiction. Alors s'il lui en apert par écrit, ou par l'évidence du fait, l'article VIII. veut qu'il renvoye la Cause pardevant ceux qui en doivent connoître ; s'il y manque, il peut être intimé, & pris à partie. C'est à dire qu'on en peut apeller, & le faire intimer en son nom.

Il peut se rencontrer un cas qui mérite d'être remarqué. Deux hommes contestent, & l'un d'eux souhaitant de sortir de la Jurisdiction en laquelle ils plaident, fait citer un tiers en garentie par collusion entre eux, dans la vûë que ce tiers aura droit d'évoquer la Cause, ou d'y faire quelques devoirs nouveaux, qui la prolongeront : Cette intervention n'est point reçûë, que la citation qui a été faite à la personne du tiers ne soit signifiée à la partie principale ; parce qu'encore l'effet ne la concerne pas, puisqu'il n'est qu'entre le Demandeur en garentie ; & le Défendeur en icelle, néanmoins il a droit de contester sa reception en Cause, soûtenant qu'il y est appellé par intelligence.

Lorsque le délai de l'assignation de la garentie est échû en même-tems que celui de la demande originaire, on ne peut point prendre de Défaut contre le Défendeur originaire, pourvû qu'il ait dénoncé qu'il a mis son garand en cause : Il suffit qu'il ait donné au Garand copie de l'Exploit de la demande originaire, & des pieces justificatives, tant de la demande originaire que de celle en garentie.

Les délais accordés aux premiers garands ont lieu, & s'observent à l'égard des seconds, tiers, & ulterieurs garands.

Procedure en garentie. formelle.

Pour le conçevoir, il faut suposer par exemple, que Jean a vendu à Pierre un heritage, qui lui est évincé, où repeté par Jacques : Celui-ci est Demandeur originaire en desistance de ce même heritage contre Pierre qui en est l'acheteur & possesseur.

Pierre agit en garentie contre Jean, qui le lui a vendu. Il se trouve que les délais de l'assignation de ces deux Instances échéent à même jour ; & que Jacques qui est Demandeur originaire, ne compare pas ou n'a point constitué Procureur ; ce nonobstant on ne prend point de défaut contre lui, mais il suffit que Pierre Défendeur originaire & Demandeur en garentie ait donné audit Jacques copie de sa demande en garentie, contre Jean, & des pieces justificatives.

Ce qui se fait par un simple Acte qui porte : *Qu'à la Requête de Pierre, Demandeur en garentie, est signifié & donné copie à Jacques Demandeur originaire, de l'Exploit d'Assignation donnée à Jean Défendeur en garentie à la Requête dudit Pierre, pour l'acquiter de la demande de Jacques, & du Contrat fait entre lesdits Jean & Pierre un tel jour. A ce qu'il n'en ignore.*

La Cause étant poursuivie, si le Défendeur originaire, & Demandeur en garentie (autrement nommé le garenti) veut être mis hors de Cause, l'art. IX. dudit titre 8. de l'Ordonnance dit, qu'il le pourra requerir, avant contestation par un Acte, par lequel *Pierre Défendeur originaire & Demandeur en garentie, declare à Jacques Demandeur originaire; que Jean son garent formel ayant comparu, il requiert d'être mis hors de Cause, & en cas de contestation demande dépens.*

Il n'est pas obligé à autre devoir, pour le present, que de faire signifier l'Acte de sa sommation à Jean son garent, à qui il touche de presenter une Requête tendante à ce qu'il soit reçû de prendre le fait en cause pour Pierre son garenti, contre Jacques, & ce faisant ordonner que ledit Pierre sera mis hors de cause. Cette Requête apointée par, *viennent les parties*, eſt portée à l'Audience, & s'il ſe trouve fondé, le jugement qui y eſt rendu porte. *Nous avons mis Pierre hors de cauſe, à la charge néanmoins que les Sentences qui interviendront, ſeront executées pour le principal, tant contre ledit garenti, que contre le garent, ſauf les dépens, dommages & interêts, dont la taxe, liquidation, & execution ſe fera ſeulement contre le garent, ſuivant l'Ordonnance.*

Cela eſt conforme à l'article XI. dudit titre 8. qui veut que les jugemens qui interviendront contre les garents, ſoient executés contre les garentis, à la reſerve des dépens, dommages & interêts, dont la liquidation & execution ne ſera faite contre les Garents, & il ſuffira de ſignifier le jugement aux garentis, ſans autre demande ni procedure, ſoit qu'ils ayent été mis hors de cauſe, ou qu'ils y ayent aſſiſté.

On a dit, *ſoit que les Garents*

ayent été mis hors de cauſe, ou qu'ils y ayent aſſiſté, parce que par l'article X. du même titre, le garenti qui a été mis hors de cauſe peut (s'il le veut ainſi) y demeurer, pour y aſſiſter ſon Garent de ſes raiſons & de ſa diligence, autant qu'il croit être important pour la conſervation de ſes droits, ou pour empêcher ſa colluſion.

Procedure en garentie ſimple. Cette procedure concerne la garentie formelle, mais pour la ſimple, où le Garent ne prend pas le fait en cauſe, mais y aſſiſte ſeulement, quand il a été aſſigné en garentie ou ſommé, il doit preſenter une Requête, par laquelle il conclut, *à ce qu'il ſoit reçû Partie intervenante en l'Inſtance d'entre un tel, & qu'acte lui ſoit donné de ce que pour moyens d'intervention, écritures & production, il employe le contenu en ſa Requête, & un tel titre* (s'il en a) *& en conſequence dechargé le Défendeur originaire* *de la demande qui lui a été faite, & ledit N. condamné en tous les dépens tant en défendant, que de la sommation, dommages & interêts.*

La Requête apointée par *viennent les parties*, est portée à l'Audience.

Les choses mises en cet état, si la demande principale, & celle de garentie peuvent être jugées, alors on rend Sentence, sur l'un & sur l'autre par un même Jugement.

Jugemens en l'une & l'autre garentie.

Quand l'Instance de la sommation faite au garent n'est pas instruite, & que la demande principale l'est ; le Demandeur originaire doit faire signifier un Acte de sommation, qui porte : *Qu'un tel fait sçavoir à tel & tel, que l'instance principale est en état, & qu'il la fera juger dans trois jours, suivant l'Ordonnance.*

Si la garentie ne peut être jugée, avec la matiere principale, nonobstant qu'elle auroit été jointe, le Juge ne laisse pas de prononcer sur l'une, & non sur l'autre, & delare par sa Sentence *qu'il disjoint l'instance en sommation faite à la Requête d'un tel, contre un tel d'avec la demande p incipale dudit Demandeur originaire, contre un tel Défendeur, pour être jugées séparément, & faisant droit sur ladite demande principale, condamne, &c.*

Il faut se souvenir à l'égard des dépens, que l'article IV. dudit titre 8. de l'Ordonnance dit, que les Garents qui succomberont seront condamnés aux dépens de la Cause principale, du jour de la sommation seulement, & non de ceux fait auparavant, sinon de l'Exploit de la demande originaire.

TITRE VI.

Des autres matieres d'Instances, qui ont des procedures singulieres.

IL a été traité jusques ici des procedures qui peuvent être communes à tous les Procès d'Instance, soit qu'il s'agisse de mettre en état une cause principale sans interruption, ou avec interruption, ou qu'il y survienne des Incidens, qui sont odinairement plus frequens dans les Instances, que dans les apellations.

Mais comme il y a des matieres qui n'ont point de dépendance d'autres, & qui subsistent d'elles mêmes, lesquelles en certaines choses ont des procedures qui leur sont propres, ou en tout, ou en partie, il est à propos d'expliquer ce qu'elles ont de singulier & en quoi elles different des autres.

CHAPITRE I.

Des Recusations des Juges & des Prises à partie.

LEs causes de recusation sont, ou declarées par le Juge de son mouvement, comme il y est obligé quand elles lui sont connuës, ensuite de l'article XVII. du titre 24. ou elles sont proposées par les parties; lorsque le Juge leur est suspect: Si c'est au Parlement il en fait la declaration de bouche en la Chambre, laquelle y ordonne, parce que nul n'a le droit de s'abstenir de juger sans cause.

Dans les Bailliages & les Justices inferieures, le Juge doit faire sa declaration par un Acte qui porte : *Qu'il ne peut demeurer Juge pour telles raisons ; afin que les parties se pourvoyent, comme elles trouveront convenir* : Si l'une des parties veut contester, & soûtenir lesdites causes inadmissibles, elle est oüie, & en ce cas elle doit se pourvoir par Requête.

Quand le Juge n'a pas declaré les causes de recusation, soit parce qu'il les ignore, ou que les parties le préviennent, avant la distribution du Procés, ou avant qu'il soit ouvert ; alors celui qui veut recuser un Juge, doit presenter une Requête qui en contienne les moyens, suivant ce qui est déterminé par l'article XXIII. du titre des recusations : La Requête est mise entre les mains d'un des Juges, qui la communique à celui qui est recusé, lequel fait sa declaration sur la verité des faits qui s'y trouveut contenus, aprés quoi il est procedé au Jugement des recusations, sans que le Juge recusé puisse y assister, ni être present en la Chambre.

On peut quelquefois, si les recusations sont fondées sur des faits de parenté, ou d'alliance des parties, ordonner que la Requête sera communiquée aux parties pour y répondre ; mais il faut toûjours prendre la declaration du Juge, qui est toûjours entendu sur les moyens de recusation ; s'il les avoüe, & qu'ils soient déclarés pertinens, on rend jugement, qui porte : *Qu'un tel ayant declaré qu'il ne pouvoit être Juge d'un tel procès, il est ordonné qu'il s'abstiendra, soit du Jugement, soit du Raport d'icelui, si on a conclu aux deux.*

Au cas que les causes de recusation ne soient pas avoüées, ni par le Juge, ni par la partie, & qu'elles soient trouvées inadmissibles sans autres preuves, le

Jugement porte : *Qu'on les declare inadmissibles & impertinentes, & en consequence ordonné, que nonobstant & sans y avoir égard., il sera passé outre au jugement du procés d'entre les parties, condamne le Demandeur à l'amende, suivant l'article XXIX. du titre des recusations* ..(on exprime la somme), *& aux dépens de l'incident.*

Lorsqu'il faut des preuves, on ordonne qu'il sera informé dans la huitaine, & aprés les preuves faites : Si elles ne se trouvent pas suffisantes, on rend Arrêt ou Sentence, par lesquels on déclare. *Que faute de preuves des causes de recusation proposées par le Demandeur il en est débouté, & condamné à l'amende, & aux dépens.*

L'amende est au Parlement de deux cens livres, aux Bailliages de cinquante, aux Chastellenies Royales, & en celles qui relevent nuëment au Parlement, elle est de trente cinq livres, & de vingt-cinq dans les autres Justices des Seigneurs. La moitié est aplicable au Roi, ou aux Seigneurs dans leurs Justices, & l'autre moitié à la partie, sans qu'elle puisse être remise ni moderée.

Les Requêtes tendantes à recusation, doivent être signées de la partie, ou d'un Procureur, fondé de Procuration speciale, qui y sera attachée: Que si la partie est absente, la Requête se peut présenter par le Procureur, sans pouvoir, en attendant son arrivée, ou sa procuration, au cas que lui ou sa partie ayent connoissance de quelque Cause de recusation, & cependant demander que le Juge ait à s'abstenir.

Pour juger les recusations au Parlement, il faut que ce soit par cinq Juges au moins, & autant dans les Baillages qui seront pris du nombre des Avocats, ou à leur défaut des Praticiens, suivant l'ordre du tableau: Ce Jugement est executoire, nonob-

stant

stant opposition, ou appellation, & sans préjudice d'icelle ; il se rend sans épices, & sans frais.

On peut proposer les recusations en tout état de cause, avec cette distinction toutefois, qu'on le doit faire avant la contestation, au cas que les causes de recusation ayent été connuës à la partie ; on le peut aprés contestation, quand elles sont devenuës de nouveau à connoissance. Ce qui se détermine par le serment, suivant l'article XXI. dudit titre 24.

Quaud on a jugé les causes de recusations inadmissibles, & que la parttie en émet appel, si le Juge n'a pas laissé de passer outre au principal, on joint l'appel à la matiere principale, pour être jugés les deux ensemble, c'est la disposition de l'article XXVII. dudit titre.

Outre l'amende encouruë par celui qui n'a pû prouver les causes de recusation, si elles sont offensantes, ou calomnieuses, il doit encore être condamné à la reparation, selon sa qualité, & la nature des faits, lors que le Juge en fait Instance; en ce cas il s'abstient de connoître de la Cause.

Les articles I. II. & autres suivant, jusques au XII. du titre 24. de l'Ordonnance, font énumeration des causes de recusation, sans toutefois exclure les autres moyens de fait, ou de droit; les articles XV. XVI. XVIII. & XXIX. du même titre, ordonnent que les Juges recusez, se retiront des Chambres, & de l'Audience, aux peines qui sont énoncées ausdits articles.

Des prises à partie.

On peut *prendre à partie un Juge*, s'il a jugé directement contre l'Ordonnance, ou lors qu'il a été sommé deux fois de juger un procés qui est en état, S'il n'y satisfait pas; alors la partie peut l'intimer comme du Déni de Justice.

La sommation se fait par un Acte qui porte. *A la Requête d'un tel, soit sommé, prié, & requis un tel Juge, de juger incessamment le procès qui est entre ledit N. & un tel, & qui est en état d'être jugé ; sinon, & à défaut de ce faire, ledit N. proteste d'en appeller comme de Déni de Justice, & de rendre ledit Juge responsable de ses dépens, dommages, & interêts, & à cette fin, le fera intimer en son nom. A ce qu'il n'en ignore.*

Ce qui est signifié au Greffe de la Jurisdiction, en parlant aux Greffiers, ou au Commis des Greffes ; huit jours aprés la Sommation, on en fait une autre, & huit jours aprés cette seconde, (à l'égard des Juges ressortissans nuëment au Parlement) & de trois jours en trois jours, à l'égard des autres. La partie peut appeller comme de déni de Justice, & faire intimer le Juge qui doit être condamné en son nom, aux dépens, dommages, & interêts des parties s'il est declaré bien intimé.

La procedure de cet appel se verra ci-aprés au Chapitre II. *des Expediens*: Et lors que le Juge a été intimé, il ne peut plus juger le procés, à peine de nullité, & de tous dépens, dommages & interêts.

Si l'autre partie ne veut pas attendre de faire vuider le procés, jusques à ce que l'intimation soit jugée, il sera procedé au jugement dudit procès par le Lieutenant Local, Avocat, ou Praticien non suspect, selon l'ordre du tableau.

CHAPITRE II.

Des Evocations.

L'Evocation est une recusation, non pas d'un Juge particulier, mais de plusieurs qui composent une Compagnie, qui juge en dernier ressort, & en consequence doit suivre le Chapitre précedent, & être rangée sous le titre des matieres qui ont des procedures singulieres.

Les cas ausquels les évocations sont permises, d'un Parlement à un autre, sont rapportées au titre XXXVI. de l'Ordonnance publiée au Comté en 1684.

Il faut seulement en sçavoir la procedure & supposer, que le procés dont il s'agit, est de nature à être évoqué, & se trouve en état de souffrir l'évocation, conformément aux Articles VIII. IX. X. XI. XII. & XIII. du dit titre 36. de l'Ordonnance. On ne traitera ici purement que de la procedure, qui est nouvelle en toutes ses circonstances; le surplus qui regarde les évocations se peut voir dans le titre 36.

Celui qui a droit d'évoquer une Cause doit dresser une Cedule évocatoire à peu prés en la forme suivante. *A la Requête de M.... d'un tel lieu, qui a elû son domicile en cette Ville de, & à l'effet des presentes, en la maison de ..... Procureur à un tel Parlement, demeurant à la ruë de ..... Paroisse de .... soit signifié & declaré à ..... qu'au procès qu'il a pardevant la Cour de Parlement de ..... contre N.... au fait de ....* Il faut ici inserrer le sujet de la Cause, *qu'il ne peut proceder plus avant pardevant ladite Cour, à cause des Parentés & Alliances qu'a ledit N..... audit Parlement; sçavoir N...... qui est en tel degré de parentage ou d'alliance*, par tels moyens, *de même que N...... &c.* ainsi des autres Parens; *au moyen dequoy ledit M..... interpelle ledit N.... d'accorder & convenir des faits & parentés cy-dessus, & de consentir que ledit procès soit évoqué avec ses circonstances & dépendances, & renvoyé au plus prochain Parlement ou tel autre qu'il plaira à Sa Majesté, à l'exclusion néanmoins d'un tel Parlement qui est suspect audit N......* pour telle raison; *& à faute d'en convenir & d'accorder ladite évocation & renvoy, ledit M.... proteste de tous dépens, dommages & interêts & de se pourvoir ainsi, & pardevant qu'il appartient, dont Acte, le .....*

Ladite Cedule doit être signée de la partie ou de son Procureur, en vertu de procuration speciale passée pardevant Notaire, & à faute de ce, le Parlement duquel on évoque, peut passer outre; ainsi que lors que lesdites Cedules sont seulement signifiées quinze jours avant la levée du Parlement.

La signification se doit faire à la partie évoquée, ou au domicile de son Procureur en cette forme : *A la Requête de M... Je un tel Huissier declare avoir intimé & signifié la susdite sommation, portant Cedule évocatoire, & tout son contenu à N...... parlant à sa personne, à ce qu'il n'en prétende cause d'ignorance, & baillé copie tant de la susdite sommation, Cedule évocatoire que du present Exploit, par Je ledit Huissier soussigné, le ....*

Quinze jours aprés ladite signification, le Défendeur en évocation doit reconnoître, ou dénier précisément les parentez & alliances, qui ont été articulées, & faire exception des Parlemens qui lui seront suspects, sans qu'il puisse avant la réponse, faire aucune poursuite du Procès.

S'il n'y satisfait pas dans la quinzaine, la signification lui doit

doit être réïterée par un Acte en cette forme. *D'autant que sur la signification de la Cedule évocatoire intimée à N. par Exploit du ..... il n'a fait aucune réponse, reconnu, ni dénié les parentez & alliances, qui ont été articulées, ni convenu du renvoy du procés à un autre Parlement, est la cause, que M. réïteré l'intimation de ladite Cedule évocatoire audit N. afin qu'il ait à satisfaire au contenu cy-dessus, autrement & faute de ce, il proteste de se pourvoir, ainsi qu'il appartient, dont Acte le...*

Cet Acte doit être signé & signifié, comme la Cedule évocatoire; au cas que l'Evoqué ni réponde dans la quinzaine, qui suit la seconde signification, les faits sont tenus pour averez & reconnus, & en consequence les évocations sont accordées.

L'Evoqué toutefois peut, par sa réponse, propose rque l'évocation ne doit pas avoir lieu, & en dire les raisons, sans être obligé d'avoüer, ou dénier encore lesdites parentez & alliances, jusques à ce que son exception soit jugée; ce qui se fait au Conseil de Sa Majesté, en la maniere qui sera dite ci-aprés.

Les parties donc, ou convienent des parentez & alliances, & du Parlement le plus prochain, ou elles n'en conviennent pas: Si elles en conviennent, l'une d'icelles peut se pourvoir au Conseil de Sa Majesté, & y obtenir commission, sur laquelle elle y fait assigner l'autre, au mois ou deux mois, selon la distance des lieux.

Sur ces devoirs on obtient des Lettres du grand Sceau qui ordonne l'évocation, avec attribution de Jurisdiction au Parlement, dont les parties seront convenuës: Ces Lettres ne s'accordent, qu'en joignant la Cedule évocatoire, & le consentement des parties qui y demeurent attachés, sous le Contre-scel : Elles doivent être levées dans un mois, à compter du jour de la signification dudit consentement.

A défaut de ce, si l'évoquant n'a pas fait ce devoir ; l'Evoqué peut obtenir lesdites Lettres, aux frais de l'Evoquant : Et à cet effet, y faire insérer tant la somme à laquelle lesdits frais sont reglez, que la clause en forme d'Executoire.

Lors que les parties n'ont pas consenti, ou ne conviennent pas de Juges pour le renvoy de leur procès ; l'Evoquant trois jours après la signification de la Cedule évocatoire, doit présenter Requête au premier Maître des Requêtes Ordinaire trouvé sur les lieux, ou s'il n'y en a point, au Lieutenant du Bailliage, ou le Parlement est établie : A cette Requête doit être attachée la Cedule Evocatoire, & la Signification qui en a été faite.

L'Evoquant fait Enquête des

parentés & alliances, & l'Evoqué du contraire s'il le veut, sans qu'il soit besoin de Lettres, Arrêts, ni autre permission, que de celle qui est accordé par le Commissaire. Les parties se peuvent encore faire interroger respectivement, sur les faits & articles communiquez ; le tout doit être fait dans le délai de quinzaine, qui peut être renouvellé une seule fois.

Les Enquêtes faites, l'Evoquant fait donner assignation à l'Evoqué au Conseil Privé de Sa Majesté, sur une commission qu'il obtient avec effet : L'Exploit peut être conçû en ces termes.

L'An ...... & le ...... du ...... avant ou aprés midi, *le ... Huissier établi au Siege de ..... demeurant en la ruë de .... Paroiße de ..... certifie avoir donné assignation à N. parlant à sa personne ou à un tel, à être & comparoir pardevant Nosseigneurs du Con-*

ſeil Privé du Roy en la Ville de Paris, ou ailleurs ſe trouveront, deux mois aprés la datte du preſent Exploit ; & enſuite de ſa Cedule évocatoire, pour voir ordonner ſur l'évocation du procés pendant, au Parlement de...... circonſtances & dépendances, & ſur le renvoy au Parlement le plus prochain ſuivant la même Ordonnance, ou tel autre qu'il plaira à Sa Majeſté, déclarant ledit N. qu'il a fait élection de domicile en la Ville de Paris, en la perſonne & maiſon de..... qu'il a conſtitué ſon Avocat pour la preſente Cauſe, demeurant en la ruë de.. Paroiſſe de..ayant baillé copie audit N. en preſence de.... proteſtant de pourſuivre la Cauſe tant en preſence, qu'en abſence, dont acte.

Au ſurplus on procede au Conſeil, en la maniere rapportée aux articles XXV. XXVI. & & XXVII. dudit titre 36. de l'Ordonnance. Si l'évocation eſt accordée, l'Evoquant leve les

Lettres expediées au Grand Sceau, en vertu desquelles on donne assignation pardevant le Parlement qui est nommé; l'Exploit peut être fait en cette sorte.

L'An .... aprés ou avant midi *du* .... *jour du mois de* ..... *Je Huissier établi au Siege de* ...., *demeurant à la ruë de* ..... *Paroisse de* .... *certifie qu'en vertu des Lettres d'évocation données par Sa Majesté le* ...., *dûëment scellées du Grand Sceau en Cire jaune, obtenuës de la part de* .... *J'ay donné assignation à N parlant à la personne de M. à être & comparoir dans* .... *mois aprés la date du présent Exploit pardevant Nosseigneurs du Parlement de* ..... *où le procés qui étoit pendant entre les parties au Parlement de* ..... *a été renvoyé par Sa Majesté par lesdites Lettres d'évocation, pour proceder suivant les derniers erremens aux fins desdites Lettres, avec dûë communication d'icelles, declarant ledit*

O. (C'est celui qui a obtenu lesdites Lettres qui les fait signifier, & qui s'appelle partie Evoquante, ou Evoquant,) *qu'il a constitué en ladite Cause N. Procureur audit Parlement de ......* (C'est celui auquel est fait le renvoy) *ledit N. demeurant en ruë de ...... Paroisse de .... délivré copie audit N.* (qui est la partie évoquée,) *desdites Lettres d'évocation en présence de .... témoins dont Acte.*

La partie qui veut poursuivre la cause, donne un Billet au Procureur de l'adversaire, qu'il poursuivra & demandera la retention du procés, à l'Audience d'un tel jour.

La cause est portée à l'Audience, à laquelle l'Evoquant, ou l'Evoqué (quand il veut faire ce devoir) demande que le Parlement se retienne la cause : Surquoi intervient Arrêt de retention, & Ordonnance au Greffier du Parlement, d'où l'on évoque, de rendre les pieces : L'un de ces jugemens est en forme d'Arrêt simple ; l'autre est expedié sous le nom de Sa Majesté : Suivent les Formulaires de l'un & de l'autres desdits Actes.

Entre N. Evoquant, & Demandeur aux fins de Commission de la grande Chancelerie d'un tel jour, portant renvoy des procés, & different des parties en ce Parlement, comparant par N. Procureur d'une part, & N. évoqué & défendeur, comparant par N. Procureur d'autre part : Oüi *N. pour l'Evoqué :* La Cour *a retenu & retient a elle, le different des parties, ordonne qu'elles se communiqueront pardevant Commissaire qui sera député suivant les derniers erremens, & à cet effet, les procedures seront apportées au mois, à la diligence de l'Evoquant. Fait à....*

L'Ordonnance de rendre les pieces qui est faite au Greffier du Parlement, d'où l'on évoque est conçûë en ces termes.

LOUIS par la grace de Dieu Roy de France & de Navarre : Au premier nôtre Huissier, ou Sergent requis, A Requête de N. Evoquant & Demandeur (ou de l'Evoqué & Défendeur) si c'est lui qui poursuit. *Te mandons à mettre en dûë, & entiere execution, suivant sa forme & teneur, l'Arrêt donné ce jourd'hui en Audience de nôtre Parlement de... Entre ledit N. Evoquant, & Demandeur, & ledit N. Evoqué & Défendeur, & ce faisant, faire Commandement au Greffier saisi des procedures des parties de les apporter, ou envoyer en nôtredite Cour de Parlement de ..... aux frais de l'Evoquant ; sauf à recouvrer, s'il est ainsi ordonné, le tout conformément audit Arrêt, certifiant d'exploit. Donné à ..... le ... & de nôtre regne le ...*

L'execution de cet Arrêt & de ladite Ordonnance se fait dans le lieu du Parlement, duquel on a évoqué.

Doit suivre la signification, tant dudit Arrêt & Ordonnance ou Lettres, que de ladite Requête & apointement de *pareatis* à la partie, qui n'a pas fait porter les pieces : On ajoûte à ladite signification : » Lui faisant » néanmoins Commandement de » faire porter les actes évocatoi- » res riere le Greffe du Par- » lement de... dans un mois » du jourd'hui ; conformément » audit Arrêt, & Commission, » autrement, & faute de ce fai- » re être condamné aux frais, & » dépens dudit N. le tout afin » qu'il n'ignore.

L'Huissier signe son Exploit en la forme ordinaire, & en fait un autre, par lequel il signifie le précedant au Greffier Commis à la garde des sacs dudit Parlement de.... » aux fins qu'il ait à » apporter dans un mois à comp- » ter d'aujourd'ui, au Greffe du » Parlement de...., le sac & les » pieces que ledit N. avoit produit au Greffe du Parlement de « .... contre N. Evoqué, avec « offre de la part de l'Evoquant « de payer audit Greffier le port « & salaires raisonnables « : Auquel est donné copie de ce que dessus, par l'Huissier qui signe son Exploit.

Lorsque les pieces sont apportées au Greffe du Parlement, qui a retenu l'évocation, on fait donner un Rapporteur, par un placet qui est présenté à Monsieur le Premier President : La partie qui veut poursuivre la cause, fait signifier à l'autre un Billet de requisition ou d'interpellation, en la forme suivante.

A Requête de N. Evo- « quant & Demandeur soit signifié « & dénoncé à N. Procureur de « N. Evoqué & Défendeur, que « le soussigné « (qui est le Procureur de celui qui fait l'interpellation.) « Procureur de N. « Evoquant, entend poursuivre « la reconnoissance des Erremens «

» de la Cause, pardevant Mon» sieur N. Rapporteur un tel » jour, & le faire ainsi ordonner » à l'Audience d'un tel jour sur » les qualitez qu'il donnera à ses » fins, dont Acte. » Au bas est la signification de l'Huissier.

La reconnoissance faite, ou du moins, si on a comparu à cet effet pardevant le Rapporteur, la cause est de là portée à l'Audience, où il est ordonné en la maniere qui suit.

» Entre N. Evoquant, & De» mandeur, à ce que les Erre» mensde la Cause communiquez » au Défendeur, & representez » pardevant le Commissaire Rap» porteur du procés, où ils » avoient été reconnus : Il est » ordonné que les parties réta» bliront leurs productions faites » pardevant le Greffe du Parle» ment de .... en celui de ce Par» lement pour être icelles mises » entre les mains du Commissai» re, & procedé au jugement dudit procès, sauf aux parties « d'y ajoûter ce que bon leur sem- « blera, sans retardation, com- « parant par N. son Procureur « d'une part. N. Evoqué compa- « rant par N. son Procureur d'au- « tre : *Oüi* lesdits Procureurs, « LA COUR a ordonné, & or- « donne, que les parties mettront « au Greffe d'icelle dans huit jours: « Fait le...

Si l'un n'y a pas satisfait, en tout, ou en partie, l'autre recourt au Parlement, qui a connoissance de l'évocation, & par la Requête conclut, « à ce qu'il soit ordonné à l'autre partie « d'incessamment, & dans le jour « remettre au Greffe de la Cour « les pieces, & productions des « parties, en bonne & dûë for- « me, à faute dequoi, permettre « au Suppliant d'envoyer un Huis- « sier aux frais de la partie qui « n'a pas satisfait, pour contrain « dre le Greffier de les lui remet « tre, ou faire remettre, afin «

» d'être lesdites pieces apportées » par ledit Huissier, la partie » condamnée aux dommages & » interêts, de la retardation & » dépens.

L'apointement sur cette Requête doit porter : » La Cour ordonne que les parties viendront à » l'Audience. Fait le...

Cette Requête étant signifiée avec une dénonciation : Si la partie citée demande du tems, & qu'il y ait raison de ce faire, on y rend Arrêt à l'Audience, qui porte : La Cour » parties oüies, » a ordonné & ordonne, que ledit N. Procureur de N. viendra défendre, sur les fins de la» dite Requête à la quinzaine. » Fait, &c.

Quoi que cet Arrêt soit rendu en presence des parties, néanmoins on le signifie au Procureur de celle qui y doit satisfaire.

S'il y avoit encore quelque délai ou fuite, la Cour » donne un » Arrêt, par lequel il est ordonné, que les parties en revien- « dront précisément à la huitaine, « faute de quoi sera fait droit sur « les fins de N. «

Au cas que l'Evoquant n'ait produit, qu'une partie des pieces, l'Evoqué donne un Billet ou une interpellation, qui porte.

A la Requête de N. Evoqué « du Parlement de ... & Deman- « deur aux fins de sa Requête, « du .... contre N. Evoquant, « soit signifié, & dénoncé audit « Evoquant au domicile de .... « par lui constitué de la personne « de .... que ledit Evoqué donne- « ra la presentation, & qualité « de la Cause, à l'Audience d'in- « struction, pour faire dire que « ledit N. n'ayant fait rapporter « & remettre au Greffe de la « Cour autres pieces, actes ni « production, sinon celle qui fut « faite au Greffe dudit Parlement « par ledit N. Ce qui n'est pas « satisfaire audit Arrêt: Il sera « envoyé un Huissier aux frais «

» dudit Evoquant pour apporter » les autres productions, & le» dit N. Evoquant condamné aux » dépens, dommages & interêts, » & pour être pourvû sur toutes » autres conclusions, & même » des dépens de l'instance, l'in» terpelle de se trouver à l'Au» dience d'un tel jour, sinon il » y fera prononcer en absence, » comme en presence, dont acte, » le ...

La cause sur la signification de cette requisition est plaidée à l'Audience, il y est ordonné en conformité des conclusions de l'Evoqué, ou autrement, comme il est de justice. Et quand on ordonne que les pieces seront produites, on ajoûte » qu'à défaut » de ce, sera passé outre, tant à » l'instruction, qu'au jugement.

Lors que l'une des parties apporte des éloignemens à satisfaire à ce qu'elle doit, & empêche le jugement, on se pourvoit par semblables Requêtes, tendantes à mêmes fins.

Aprés

Aprés les productions faites, on les communique à Messieurs les Gens du Roy, si leur ministere y est interessé, en suite d'une Requête qui est présentée au Parlement, tendante à ce qu'il soit ordonné, que le procés sera communiqué à Monsieur le Procureur General du Roi, pour y être en suite procedé à la vision & audit jugement, ainsi qu'il appartiendra.

Comme les parties sont ordinairement d'un autre Ressort, que de celui où le procés a été évoqué, & que n'étant pas sur le lieu, elles pourroient être surprises; celle qui veut être diligente, avant de sortir pour aller solliciter le jugement, donne un Billet à son adversaire, par lequel elle lui fait sçavoir qu'elle sort, ou envoye un tel jour, un tel, à l'effet de poursuivre ou faire juger le Procès.

CHAPITRE III.

Des Matieres Sommaires.

LA lecture du titre XVII. de l'Ordonnance, & ce qui a été dit au commencement de cette instruction touchant l'instruction generale des procés, pourroit suffire pour sçavoir quelles sont les matieres Sommaires, & quelle en est la procedure.

La repetition néanmoins de quelques circonstances, les plus importantes ne sera pas inutile : Entr'autres, que dans les Bailliages, & Justices Inferieures, les matieres Sommaires, se commencent par des Exploits, & au Parlement, par des Requêtes, qui sont appointées par *viennent les parties*, ou soit partie *appellée*, quand il n'y a point de Procureur.

Aprés la comparution mise au

Greffe, & les copies des défenses & des titres délivrées, comme il est ordinaire ; la Cause se porte à l'Audience, par un simple acte, qui la désigne : Les Procureurs ont droit de les plaider dans les Baillliages, & les parties elles-mêmes dans les Justices inferieures. Si la difficulté requiert preuves, on ordonne qu'il en sera informé dans le tems que le Juge prescrit, & qui doit être bref : Le délai commence de courir, dés le jour de la signification de la Sentence qui l'ordonne.

Aux Justices subalternes, les témoins sont produits, reprochez, & examinez dans l'Audience même : Mais au Parlement, un Commissaire, aprés l'Audience, se retire au Greffe, ou les témoins lui sont presentez, & examinez, si la partie adverse propose des moyens de reproches, ils sont plaidez à l'Audience prochaine, la deduction y est faite des preuves, & au même lieu, y est renduë Sentence, ou Arrêt, sans autre procedure, ni production de titres, écritures, ni memoires.

Ce qui est si exactement prescrit par l'Ordonnance : Que s'il arrive que le Juge ne soit pas suffisamment éclairci par la plaidoirie, il ne peut ni apointer *à écrire & produire*, ni *à mettre*, mais seulement declarer. *Que les pieces demeureront sur le Bureau pour y être déliberé.* Il est inutile de faire Inventaire, mais à la prochaine Audience le Juge est obligé de prononcer la Sentence. Le tout sans épices, à peine de restitution du quadruple, par celui qui en aura reçû.

Si les instances sur la provision, & sur la diffinitive, sont en même tems en état, on y doit prononcer par un même jugement, & non separément. La Sentence peut contenir la clause qu'elle sera executée en cas d'appel, par maniere de provision, &

& à caution suffisante.

Les matieres Sommaires ont cela de propre, que les jugemens s'executent, nonobstant opposition ou appellation, & sans y préjudicier, en baillant caution, encore qu'il n'y ait Contrat, Obligation, ni Promesse reconnuë, ou condamnation précedentes, au cas que les sommes n'excedent pas celles qui sont rapportées en l'article XIII. dudit titre 17. de l'Ordonnance.

Mais en fait de Police, de quelque somme qu'il s'y agisse, la provision, & l'execution ont toûjours lieu, en consideration du bien public. Il en est de même s'il y avoit Obligations, Contrats, Promesses reconnuës, ou condamnations précedentes.

Ces provisions ne peuvent être sursises aux peines établies en l'article XVI. dudit titre 17. n'étoit qu'on produisit des quittances, ou des contre-lettres, qu'on proposât le faux, ou d'autres pieces qui pussent faire connoître évidemment la nullité de l'action, ou faire douter si le payement a été fait, ou que l'on eût obtenu des défenses du Juge superieur.

CHAPITRE IV.

Des Compulsoires.

LOrs qu'on veut avoir copie de quelques titres, ou qu'on veut faire les collations de pieces, les reconnoissances, ou verifications d'écrits privez, on doit à l'égard des uns, prendre des Lettres, & des autres présenter Requête.

Procedure pour tirer des copies ou extraits. Les Lettres qui se nomme Compulsoires, & qui s'expedient sous le nom du Roi, se prennent, lors qu'on veut avoir les copies ou des extraits des titres, ou de quelques actes, ou pieces qui sont entre les mains des Notaires, des Greffiers, ou d'autres personnes publiques, ou que l'on veut collationner aux originaux, les copies que la partie a déja en sa puissance.

En vertu de ces Lettres, on donne assignation à la partie, qui y a interêt, au domicile de son Procureur, *pour comparoir à tel jour*, (en observant les délais des autres assignations) « à telle heure au logis, ou en l'étude « d'un tel Notaire, sise en une « telle ruë, pour proceder ausdi- « tes copies, ou collations, pour « servir d'originaux «.

Avant l'écheance de l'assignation, la partie doit faire une Sommation au Notaire, ou Greffier, de rechercher parmi ses minuttes le titre qu'on specifie, pour en être donné copie, ou être collationné, parties dûëment appellées, au jour & heure auquel elles auront été assignées, par l'exploit précedent.

Si les Notaires, & les Greffiers, ou refusent d'y satisfaire, ou s'absentent ; en ce cas, la partie les fait assigner pardevant le Juge duquel les Lettres Compulsoires procedent, pour être condamnez à representer les pieces dont on a besoin, & à en faire les expeditions requises.

Procès verbal en matiere de compulsoire.

Si les Notaires & Greffiers, se trouvent au jour assigné, on ne doit commencer le procès verbal, c'est à dire, vacquer à la collation, qu'une heure aprés celle de l'assignation échûë : Au cas que la partie citée ne compare pas, on passe outre.

Ce n'est pas le Notaire, ni le Greffier qui dresse le procés verbal de Compulsoire : C'est l'Huissier, qui a donné les assignations : » Il y fait mention des » lettres obtenuës, des ajourne» mens, de la presence, ou ab» sence des parties, de la compa» rutiondu Notaire, ou du Gref» fier, de la representation que » celui-ci a fait des protocoles, » & minuttes d'un tel contrat,

» ou

ou acte, commencant par tels mots, & finiſſant par tels, datté..... Que copie en a été expediée aprés dûë collation, & que les Originaux, ont été remis en la puiſſance du Notaire, & du Greffier.

L'Huiſſier doit, outre ſon procés verbal, mettre au bas de chaque piece : *Le Collationnata*; ſçavoir, *Collationné à l'Original par moy Huiſſier à .... demeurant .... en vertu de commiſſion en forme de compulſoire datée ... en preſence d'un tel le requerant, & en l'abſence de .... non comparant, quoyque dûëment appellé, ou en ſa preſence s'il compare. Ce fait, l'Original rendu à ... Notaire ou Greffier ainſi qu'il eſt porté en mon procés verbal de cejourd'hui. Fait, &c.*

Quand la partie qui a obtenu le Compulſoire, ne compare pas, ni ſon Procureur, l'article III. du titre 12. de l'Ordonnance veut qu'il paye au comparant les dépens, dommages & interêts, *presence*, s'il compare, & les frais de son voyage, le tout comme frais préjudiciaux. Et pour les obtenir, la partie citée fait mettre par l'Huissier au bas de la copie de l'Exploit qui lui a été donné, l'acte de sa comparution.

Il porte *qu'un tel jour, à une telle heure, en l'étude d'un tel, ou au Greffe, a comparu un tel, qui a dit, qu'ayant été assigné à de tel jour, & heure, à l'effet de voir proceder à la collation des pieces, qu'un tel a voulu faire compulser, il a attendu depuis une telle heure, jusques à une telle, sans que ledit Compulsant ait comparu, dont acte. Fait...*

Procedure de collation de pieces,

Lors qu'il s'agit de collation de pieces, qui sont produites dans une instance, ou d'autres qu'on veut produire en copies, elle se fait pardevant le Juge ou le Rapporteur du Procés; s'il n'y en a encore point, on fait en nommer un qui donne Ordonnance pour faire citer : Il dresse son Procés verbal (à peu prés comme celui ci-dessus désigné,) une heure aprés l'échéance de l'assignation, sauf qu'il dit à la fin : *Qu'il a donné aux parties acte de leurs comparutions, & requisitions, en presence desquelles, ou de l'une d'icelles* (si elle fait défaut) *il a collationné aux pieces originales les copies de mots à autres ; il les distingue par les dates, par les premiers, & les derniers mots desdites pieces ; & met au bas de chacune, l'acte de la collation*, comme il a été dit ci-dessus.

Procedure en reconnoissance d'écrits.

La reconnoissance d'écritures privées, quand on soûtient qu'elles sont faites, ou signées de la main de la partie, en sorte qu'il ne s'agit que de son aveu ou désaveu, se doit faire, comme du passé, pardevant le Juge ordinaire des parties : La cause étant portée à l'Audience, si le Défendeur compare, & reconnoît ſes écrits & ſa ſignature ; on en octroye acte : De même s'il fait défaut, il eſt octroyé ; & pour le profit, l'écriture eſt reconnnë d'office. Cependant le Juge paſſe à une condamnation proviſionnelle ou diffinitive, ſelon que la matiere y eſt diſpoſée.

Mais lors qu'il eſt queſtion de l'écriture, ou du ſein d'un tiers, ou d'un défunt ; alors, comme on n'eſt pas obligé d'avoüer, ni de reconnoître les écritures d'autrui : Il faut, quand la partie adverſe eſt domiciliée dans le lieu où ſe doit faire la reconnoiſſance, obtenir du Rapporteur, s'il y en a, une Ordonnance pour la faire citer pardevant lui, pour proceder à la reconnoiſſance.

Au cas qu'il n'y ait point encore de Rapporteur nommé, on preſente Requête pour avoir un Commis du Parlement, qui donne Ordonnance pour faire citer ; & aux Bailliages, on demande l'Ordonnance au Juge même.

Si la partie n'eſt pas domiciliée dans le lieu, le Juge Royal de ſon domicile ſans aucune commiſſion, donne l'Ordonnance, & pardevant lui eſt faite la reconnoiſſance, tant en preſence, qu'en abſence, de la partie Défendereſſe : Il en dreſſe Procés verbal, où il declare par forme d'Acte judiciaire, pour le profit du défaut, ſi l'écriture qu'on veut faire reconnoître n'eſt point de celui qui eſt aſſigné, mais de la main d'un autre, qu'il eſt permis au Demandeur en reconnoiſſance, de la faire verifier, tant par témoins, que par comparaiſon d'écritures, ſuivant l'article VII. du titre des Compulſoires & collations de pieces.

Au cas qu'il y ſurvienne conteſtation, on procede à la reconnoiſſance, par preuves de vive voix, par Experts, ou par comparaiſon d'autres écritures, dont le Commis fait mention dans ſon Procés verbal.

Le Demandeur peut, aprés ce devoir, faire citer ſa partie, pardevant ſon Juge naturel, pour avoir l'effet de ladite reconnoiſſance, à laquelle, ſi le Demandeur ne comparoît pas aprés une heure d'attente, outre celle de l'échéance de l'aſſignation, le Défendeur demande congé, & d'être déchargé de l'aſſignation, ce que le Commiſſaire lui accorde.

Le reſte de cette procedure, & les manieres de faire les Procés verbaux ſont faciles, par ce qui vient d'être dit, & ce qu'on a remarqué, lors qu'on a parlé des Enquêtes, comme auſſi par la lecture des V. VII. VIII. articles du titre 12. de l'Ordonnance.

CHAPITRE V.

Du Possessoire des Benefices.

CEtte procedure n'altere en rien les formalitez anciennes, qui ont été observées pour la prise de possession des Benefices ; au surplus, quand le Beneficier veut être maintenu en la possession, au lieu de recourir à un Mandement de garde, pour y être maintenu par autorité du Juge, comme autrefois ; s'il est troublé de fait, ou parce que son competiteur a refusé de lui donner la qualité, ou qu'il s'en attribuë le titre ; le Demandeur se maintient lui-même possesseur par un Exploit, comme l'on fait en matiere de complainte ordinaire, ainsi qu'il sera dit ci-aprés.

Le Beneficier mineur de 25. ans peut agir au possessoire, & disposer des fruits du Benefice, sans autorité de Tuteur, ni de Curateur, pardevant le Juge à qui la connoissance en appartient, qui est toûjours celui du Bailliage ; l'Exploit contient les titres & capacités du Demandeur, qui en doit donner copie, avec celle de l'Exploit : l'assignation se donne à la personne, ou au domicile de celui qu'on prétend avoir troublé : si l'action s'intente contre le possesseur actuel, l'assignation se donne au domicile de celui qui est dans l'actuelle possession, sinon au lieu du Benefice : C'est la disposition des articles II. & III. du titre 15. de l'Ordonnance.

Le surplus est clair ; l'instruction ne differe en rien des autres causes ; soit pour les Interventions, Sequestres, & Sommaires possessoires, soit pour la subrogation de celui qui pendant le Plaid ; est pourvû du Benefice en la place du Demandeur, ou du Défendeur, par résignation, ou autrement, il doit aussi donner copie de ses titres & capacités.

Il entre en cause sans assignation par une Requête (nommée autrefois *judicielle*) par laquelle il conclut à ce qu'il soit subrogé aux Droits d'un tel, & qu'il soit ordonné que les Instances seront continuées avec lui, suivant les derniers erremens; le Juge le declare ainsi par son apointement, qu'il fait signifier aux parties, & en suite on poursuit la cause.

Il n'y a rien de singulier à l'égard du Dévolutaire, sinon que l'Audience lui est déniée jusqu'à ce qu'il ait donné caution, de la somme de cinq cens livres, qu'il fait recevoir en la forme ordinaire, & s'il n'y satisfait pas, dans le délai que le Juge lui a prescrit, suivant la distance du lieu du Benefice & du domicile du Dévolutaire: Il sera declaré déchû de son droit, sans pouvoir être admis à purger sa demeure, aprés l'expiration du délai.

De la recréance aux Benefices.

La Recréance, ou la pleine maintenuë s'ajugent; la premiere au Défendeur ou complainte; la seconde au Demandeur, s'il se trouve avoir au titre plus apparent, que celui de sa partie adverse; parce qu'il est important à la Religion des Peuples que les Benefices, sur tous ceux qui sont à charge d'ames, ne soient pas long-tems vacans, & qu'il est de l'interêt public, que le Service Divin y soit continué. L'on a dit, le titre le plus apparent, parce que les Juges ordinaires ne sont pas obligés de penetrer toutes les subtilités qui se sont introduites dans cette espece de procedure: il ne leur est pas permis de prouver sur le petitoire lequel n'est nullement de leur compétence, & le Jugement s'execute à la caution juratoire de celui à qui a été adjugée la plaine maintenuë, ou la recréance, suivant l'article IX. du titre des procedures sur le possessoire des Benefices.

On y conclut *à ce que la recréance du Benefice, fruits & revenus d'icelui, soient adjugez au Demandeur à caution de les restituer, s'il est dit en fin de cause, & que le Défendeur soit condamné à lui rendre les fruits qu'il en aura perçûs, que les Fermiers & Detteurs soient contrains par toutes voyes dûës & raisonnables, à vuider leurs mains au profit du Demandeur. Ce faisant déchargez, & que le tout soit executé, nonostant opposition ou appellation, & sans y préjudicier.*

S'il ne paroît pas au Juge, que l'une des parties ait droit plus apparent que l'autre : Il ordonne que les fruits seront sequestrez, & le Benefice desservi par celui qui sera commis par l'Ordinaire, lequel joüira d'une partie congruë, à prendre sur les revenus du Benefice.

CHAPITRE VI.

Des Complaintes & Reintegrandes.

CEtte matiere semble éclaircie par la connexion qu'elle a avec le Chapitre précedent : C'est ce qu'on appelloit en l'ancienne pratique, *Mandement de garde*. Quelques-uns commencent par Requête. D'autres ne se servent, ni de Lettres Royaux, ni de Commission ; mais par un simple Exploit, par lequel on exprime la possession paisible pendant le dernier an & jour, & le trouble : Puis on conclut *à ce qu'on soit maintenu dans la possession de la chose, que défense soit faite a la partie de plus troubler à l'avenir le Complaignant, & que le Défendeur soit condamné a la restitution des fruits, & aux dépens.*

La Reintegrande se commence de même maniere : Elle a lieu quand le Demandeur a été spolié de sa possession, par force & violence ; il conclut *à ce qu'il soit fait défense au Défendeur de le plus troubler, ni inquieter dans la jouissance de la chose dont il s'agit, de laquelle il a été possesseur paisible pendant tel tems, au vû, & scû de chacun ; qu'il soit rétabli, & reintegré en ladite possession, que le Défendeur soit condamné de lui rendre, & restituer les fruits qu'il a perçû, suivant la prisée qui en sera faite par Experts, & gens à ce connoissans, dont les parties conviendront, ou à ce défaut qui seront choisis d'office, & aux dépens.*

L'un & l'autre de ces remedes possessoires, conviennent en quelques choses, & different en d'autres : Ils conviennent premierement, en ce que l'on n'est pas oüi au possessoire si on a commencé le petitoire, parce que le petitoire suppose, que la Partie adverse possede, & partant c'est renoncer tacitement au possessoire, que de commencer le petitoire.

Secondement, les Demandeurs en ces deux actions, doivent avoir joüi un an entier avant le trouble, ou avant la violence, en sorte qu'ils n'ont pas besoin de titres pour fonder le droit de leur possession ; il suffit, qu'ils justifient qu'ils ont joüi naturellement, ou civilement pendant le tems susdit.

Troisiémement, ils doivent aussi intenter leur action dans l'an, & jour du trouble, aprés lequel ils n'ont plus de ressource qu'au petitoire ; non pas même les Mineurs, & les absens, car ils ne sont pas relevez contre le laps du tems.

Quatriémement, ni en la complainte, ni en la Reintegrande, on ne peut accumuler le petitoire avec le possessoire ; ce dernier doit être terminé par le rétablissement en la possession. Celui qui a été condamné en Complainte, & en Reintegrande, avant de commencer le petitoire, doit faire cesser le trouble, abandonner la possession ; & payer tous les dépens, dommages, & interêts adjugés : Si la Partie qui a obtenu se trouve en demeure de faire taxer les dépens, & de liquider les fruits, dans le délai que le Juge aura ordonné ; le Condamné peut poursuivre le petitoire, en donnant Caution de payer le tout, après la taxes, & liquidation qui en sera faite.

Ces deux actions different, en ce que la Complainte est pour ceux qui sont troublés de fait, ou de paroles ; la seule crainte ne suffit pas. La Reintegrande est pour ceux qui ont été dépoüillez de leur possession par force, & violence. La premiere conserve la possession, & empêche que l'on n'en soit dejetté. La seconde en ordonne le rétablissement. La premiere est purement action civile ; & la seconde est civile ou criminelle, au choix de celui qui l'intente, à condition toutefois, qu'on ne peut varier aprés en avoir choisi l'une ; à moins qu'en commençant la civile, le Demandeur n'eût declaré, que c'est sans préjudice de la criminelle : Où qu'il intente celle-ci ; sans préjudice de l'autre : Car alors, si le Juge le trouve à propos, il peut en faire la reserve par sa Sentence.

La procedure en l'une & l'autre de ces actions, aprés l'assignation donnée, se poursuit & s'acheve comme les autres causes.

Cet Avis n'est pas inutile, parce que suivant l'ancien Stile, il falloit s'opposer à la la Complainte dans l'an & jour. Il étoit necessaire d'apposer les Panonceaux, & de la publier en place publique.

Toutes ces formalités cessent aujour-

aujourd'hui ; il suffit d'assigner comme l'on fait pour les Instances : La partie doit comparoir dans les délais ordinaires, ou donne défenses & copies des titres, & le procès s'instruit sans autre distinction. S'il s'agit d'un heritage dans la possession duquel l'on prétende avoir été troublé, l'on est obligé de le désigner par son nom particulier, s'il en a, sa contenance, ses limites & confrontations de tous les côtés, & le territoire où il est situé ; en sorte que le Défendeur ne puisse ignorer pourquoi il est assigné : Il pourroit, si l'on y avoit manqué, se faire renvoyer de la demande.

S'il articule une possession contraire, le Juge doit prononcer un appointement, par lequel il recevra les parties à faire preuve chacune du fait par elle posé : s'il voit cependant qu'il y ait danger que les parties ne se battent, il peut ordonner que les fruits en seront sequestrés.

Chapitre VII.

Du Sequestre.

Il s'ajuge, ou par l'Ordonnance du Juge, qui y pourvoit d'office, ou à l'instance de l'une des parties qui le requiert. Il est apposé d'office ; quand les parties n'ont pas fait suffisamment connoître, laquelle a le meilleur droit, ou que la raison ci-dessus à lieu, lors que l'une des parties insiste au Sequestre : Elle doit presenter Requête, & conclure *à ce que les revenus soient sequestrés, regis & gouvernés par Commissaires, dont les parties conviendront.*

La cause est portée à l'Audience, ou, s'il y a lieu d'ajuger le Sequestre, on y prononce en conformité des conclusions, & on nomme le Conseiller, pardevant lequel on y procedera. Dans les Bailliages & autres Jurisdictions, ce sera pardevant le Juge qui aura prononcé la Sentence.

On obtient de lui une Ordonnance, en vertu de laquelle, partie assignée en son Hôtel & comparante, il nomme un Commissaire demeurant sur les lieux, lors que les parties n'en ont pas convenu : Si le Défendeur ne compare pas, on doit choisir pour Gardien ou Commissaire le plus prés du lieu, où la chose est située : Si toutefois le Juge le trouve à propos il peut proroger l'assignation de huitaine seulement.

Au tems que l'assignation échet.

Il dresse procés verbal de ce qui s'est passé, ou qu'il a reconnu, & en consequence, il ordonne que le Sequestre, ou Commissaire sera cité pardevant lui, pour faire le serment ; s'il fait défaut on le réassigne, à peine d'être contraint par amende,

& par saisie de ses biens.

Aprés le serment prêté, le Juge ordonne qu'il sera mis en possession de la chose sequestrée : Ce qui s'execute par l'Huissier, lequel à cet effet se transporte sur le lieu, à l'instance de la partie qui l'en requiert, dresse procès verbal de ce qui s'y est trouvé, & le fait attester par deux témoins en dûë forme, & signer par le Sequestre s'il sçait signer, l'Huissier doit même faire mention qu'il l'a interpellé de le faire, le tout aux peines contenuës aux VIII. & IX. articles du titre 19. de l'Ordonnance.

Si le Sequestre trouve qu'il y ait un bail, ou fermes des choses sequestrées, il s'y doit conformer, en le faisant néanmoins convertir en judiciaire, par Requête, qu'il presente au Juge, lequel interdit au Fermier de payer à d'autres qu'à lui, à peine de payer deux fois, & s'il fait convertir le bail conventionnel en judiciaire, & que le Fermier y consente ; il est contraignable par corps, quand même cette espece de contrainte ne seroit pas endurée dans son bail ; ce qu'il lui fait signifier.

Au cas que le Bail fut fait en fraude, ou à vil prix, ou quand il n'y en a point de conventionnel, le Sequestre en procure un sur Requête qu'il presente à la Cour, ou au Juge, concluant à ce qu'un Commissaire de la Cour soit député pour recevoir les encheres : Quand la chose se passe aux Justices Inferieures, il conclut à ce que le Bail des choses Sequestrées, soit fait pardevant le Juge, à l'Audience.

De l'Ordonnance de ce Juge, ou Commissaire nommé, le Sequestre fait assigner les parties pardevant lui *pour une telle heure* (qui doit être hors du tems des Séances du Parlement) *au lieu que les apréciations publiques, ont coûtume de se faire, pour voir proceder au bail judiciaire, à loyer des choses sequestrées, & qu'à faute d'y comparoir, il y sera procedé, tant en presence, qu'en absence.*

On ne peut faire l'adjudication du Bail, qu'aprés trois remises, & aprés que les proclamats en auront été faits aux portes des Eglises, & les affiches dans les lieux publics, sous le nom du Roi, & du Juge, & à caution que le Fermier doit donner; les Charges du Bail sont énoncées dans le procés verbal, que le Juge en dresse; il arrête les frais du Sequestre, comme il le trouve en Justice, & en même tems il en fait la liquidation sans en remettre la taxe à un autre tems; nulle des parties ne peut prendre le Bail.

Les reparations qui sont à faire doivent se procurer en suite de Requête presentée au Juge, & parties appellées: On y procede au rabais des ouvrages, comme

Il se pratiquoit déja en l'ancien Stile.

Les articles XVI. & XX. dudit titre 19. de l'Ordonnance, expliquent ce qu'il faut faire, au cas qu'on empêche par violence, l'effet du Sequestre, & comme le Gardien est déchargé de sa Commission : Qui sont choses qui n'exigent, ni instruction, ni procedure.

CHAPITRE VIII.

Des receptions de caution.

CE qu'il y a de particulier en cette Procedure consiste, en ce que le jugement qui ordonne la caution, doit contenir le nom de celui pardevant lequel elle sera prêtée ; & qu'en suite la partie fait signifier à l'autre un acte par lequel, *elle lui présente un tel pour caution, pour l'effet du jugement rendu un tel jour, dont acte.*

Si le Défendeur l'accepte, il met son acquiescement au Greffe: S'il veut la contester, il en fait signifier un acte, qui contient ses exceptions; s'il requiert qu'on énonce, & justifie des biens, & solvabilité de la caution, elle est obligée de donner une déclaration de ses biens, & y joindre copie des actes justificatifs.

Le Demandeur obtient ensuite une Ordonnance du Commissaire à la reception de la caution, & fait citer pardevant lui, sa partie pour y proceder: Il doit juger sans appointement, *autre que de contrarieté sur la solvabilité ou insolvabilité de la caution*: Mais il se contente de dresser un Procés verbal de tout ce qui s'est fait, & prononce en même tems sur sa reception, ou sur sa rejection, s'il n'y a pas lieu d'appointer.

Le jugement signifié, celui qui a été reçû, va au Greffe, où il met son acte de soûmission en

cette

cette forme. *Est comparu un tel, lequel a dit, qu'il se constituë caution judiciaire d'un tel, contre un tel en execution de la Sentence renduë entr'eux, le ..... & a fait ses soûmissions & obligations en forme de droit, élisant domicile en sa Maison située à .... Fait ....*

Si la caution est rejettée, le Demandeur en doit offrir une autre, avec les mêmes formalitez que la precedente.

CHAPITRE IX.

De la Reddition des Comptes.

EN cette matiere, il ne reste quasi rien de l'ancienne forme : C'est pourquoy, elle a besoin d'instruction. Le Compte, selon l'article VI. & XVII. du du titre 29. de l'Ordonnance, doit être écrit en grand papier, à raison de 22. lignes par chaque page & 15. ſyllabes par ligne : La Préface ne doit pas exceder ſix rôles, c'eſt à dire, ſix feüillets. On n'y peut décrire aucun titre, que l'acte de la tutelle, & de la Sentence, ou Arrêt, en vertu duquel le compte eſt rendu.

Ce que contient le compte. Au lieu que les comptes du paſſé, n'étoient compoſez ordinairement que de la Recepte, & de la Dépenſe ; à preſent ils doivent être partagez en trois Chapitres, ſçavoir en celui de la Recepte, où le rendant rapporte tout ce qui eſt décrit par l'Inventaire, quoiqu'il ne l'ait pas reçû. En celui de la Dépenſe, où ſe mettent toutes les ſommes qui ont été payées, pour choſes dépendantes de ſon adminiſtration. Et en celui de la Repriſe, qui contient les ſommes rapportées dans la Recepte, deſquelles le rendant doit être déchargé, ſoit pour les meubles, & choſes qu'il n'a pû, ou n'a pas dû vendre : Soit pour les sommes qu'il n'a pas reçûës, quoi qu'il en ait grossi sa Recepte.

Qui doit rendre compte.

Pour obliger un Administrateur de rendre compte, un simple Exploit suffit, par lequel il est assigné pardevant le Juge, qui a fait l'acte de Tutelle, qui a ordonné le Sequestre, ou le bail judiciaire, ou qui a declaré l'heritier par benefice d'inventaire, ou fait autres actes semblables, qui portent administration, & sont sujets à compte : Au cas que le rendant n'ait pas eu l'administration par autorité de Juge, comme au fait d'une Societé, & du maniement de biens communs entre plusieurs ; il doit être assigné pardevant le Juge de son domicile, sans pouvoir être évoqué, ni renvoyé à d'autres jurisdictions, parce que c'est une action personnelle.

Procedure en matiere de compte.

Le rendant ne comparant pas, pour le profit d'un défaut, il est sur le champ condamné à rendre compte, ſans autre délai ni procedure : S'il compare & conteſte, & que la choſe ne ſoit pas claire, on peut appointer : *A mettre dans trois jours*, ſans prorogation. Suit le jugement, par lequel *il eſt condamné de preſenter & affirmer ſon compte, devant le tems qu'il lui eſt preſcrit pardevant le Juge, dans Juſtices inferieures*, au Parlement, pardevant un Commiſſaire que Monſieur le Premier Preſident nomme, & qui doit néanmoins être autre que le Rapporteur, quand il y en a eu un, en vertu d'un Appointement *A mettre*, ou ſur un procés par écrit; c'eſt la diſpoſition de l'article V. du titre 29. de l'Ordonnance.

L'article VIII. merite conſideration; car ſi le Défendeur ou rendant, ſans avoir excuſe légitime, ne rend le compte en perſonne, ou par Procureur dans le tems ordonné, l'Oyant, ou le Demandeur préſente Requête au

Juge, (parce que le Commissaire n'auroit pas ce pouvoir,) & obtient qu'il lui soit adjugé une provision convenable, au payement de laquelle il sera permis de le contraindre par saisie, & vente de ses biens, même par corps.

Lors que les parties comparent, le Commissaire, ou le Juge insere dans le procés verbal, leur comparution, la présentation & l'affirmation du compte, par le rendant, qui en donne copie à l'Oyant, ou à son Procureur, sur le recepissé duquel il communique aussi les pieces justificatives, pour les examiner pendant quinze jours, aprés lesquels elles doivent être restituées, à peine d'emprisonnement, & autres portées en l'article IX. dudit titre 29. de l'Ordonnance.

Ce délai peut être prorogé d'autres quinze jours par le Juge en connoissance de cause; ce qui se fait sur Requête appointée par *viennent les parties*, signifiée & portée à l'Audience, où l'on prononce sur cette prétenduë prorogation.

S'il y a plusieurs Oyans qui ayent des interêts differens, chacun peut avoir un Procureur; s'ils n'ont qu'un même interêt, ils ne peuvent prendre qu'un Procureur, non plus que les Créanciers, quoique plusieurs en nombre.

On n'apostille plus les Comptes en marge de chaque article comme autrefois, mais aprés que l'Oyant a eu communication du compte, & que le délai dans lequel il y doit proceder est expiré, il prend appointement au Greffe qu'il fait signifier. Cet appointement porte *l'Oyant fournira ses consentemens, ou débats dans huitaine, le rendant huitaine aprés fournira les Soûtenemens, que les parties écriront & produiront dans une autre huitaine, & fourniront de contredits*, *contre les productions dans la huitaine suivante.*

Les délais expirés, le rendant, sans autre sommation, doit produire au Greffe son Compte, ses pieces justificatives, & ses écritures fournies ou soûtenemens : Si l'Oyant a fourni des débats, il doit aussi faire sa production. Le tout est remis entre les mains d'un Rapporteur qui est demandé, ou du Commissaire, lors qu'il y en a un désigné : Il juge les articles qui sont clairs, & ne laisse pas de clore le compte, si par les articles jugés, il paroît que la recepte excede la dépense, il interloque sur les chefs contestés, & cependant condamne le rendant de payer à l'Oyant la somme à laquelle se trouve monter cet excedent.

Evacuation du reliquat.

On execute cette Sentence du Commissaire, sans attendre que les articles interloqués soient jugés, & sans préjudice d'iceux ; mais l'executoire que l'Oyant peut prendre de la somme excedente, n'est que de celle qui peut être dûë; déduction faite de celles qui sont encore contestées: C'est à dire qu'elles ne laissent pas, quoique non encore liquidées, de diminuer le reliquat du compte, pour ne lever l'executoire, que de la somme qui restera aprés cette déduction faite; le payement des sommes contestées étant remis aprés le jugement qui en sera fait.

Les articles I. & XVIII. reglent presque les frais entierement qui peuvent être passez au rendant, pour la reddition du Compte: Les dépositaires des biens de Justice, comme les Fermiers judiciaires, les Sequestres, ou les Gardiens, peuvent être contraints par corps, aprés les Comptes rendus; mais à l'égard des Tuteurs & Curateurs, ils ont quatre mois de délai, avant de pouvoir être emprisonnez.

Les Administrateurs des biens

d'autruy, sont reputez comptables, quoique le Compte soit clos, & arrêté ; jusques à ce qu'ils ayent payé le reliquat, & remis les pieces justificatives. L'action pour rendre Compte ne se prescrit que par trente ans, à prendre du jour que l'Oyant a pû agir, ou de sa majorité.

On peut rendre les comptes aux absens du Royame en observant le délai de l'adjournement. Le défaut est levé au Greffe ; le profit s'en juge en alloüant les articles qui se trouvent justifiez.

La matiere de Comptes est du nombre des Sommaires, & comme ils contiennent souvent des articles de peu d'importance, la décision en peut être remise à l'Expedient, il en sera traité ci-aprés Chapitre 12.

Si néanmoins il se trouve plus de deux articles où il y ait des Croix, on peut, suivant l'article X. du titre 11. de l'Ordonnance, prendre Appointement au

Greffe *d'écrire & produire*, comme l'on fait aux procés par écrit: Il en est de même quand il s'agit de liquidation de fruits, & de taxe de dépens.

Ces termes de *deux Croix*, ne signifient autre chose, sinon que lors qu'aux matieres ci-dessus énoncées il y a des articles passés, sur lesquels une partie veut, ou contester, ou en appeller, elle les croises. Sous une même Croix, on peut comprendre plusieurs articles, pourvû qu'ils dépendent les uns des autres, & ayent connexion.

De maniere que quoique les Appellations, en matiere de reddition de comptes, liquidation de dommages & interêts, & de taxe de dépens, doivent être portées, & jugées à l'Audience, néanmoins quand on appelle d'articles compris sous plus de deux Croix. On ne les plaide point, mais on y prend appointement de conclusions, comme l'on fait aux procés par écrit. C'est ce que ledit article X du titre 11. de l'Ordonnance, appelle *prendre appointement au Greffe*.

Le terme de *Conclusions* dépend de la procedure des Appellations ; c'est pourquoi on s'en remet à ce qui en sera dit cy-aprés au Chapitre 6. du titre ser.

CHAPITRE X.

De la liquidation des fruits.

LA procedure n'est pas differente de l'ancienne : Sauf que, ce que l'on appelloit Execution de la Sentence, ou de l'Arrêt qui adjugent les fruits, se fait par un procés verbal, qui est dressé par le Commissaire, en presence des parties, aprés dûë assignation donnée en vertu de son Ordonnance.

Le Demandeur produit pardevant lui, les pieces sur lesquelles son action est fondée, la Déclaration des frais de culture; & un Extrait de la valeur des Grains & Vins qui est tiré des Registres des Greffes des Bailliages, ou des Magistrats des Villes: Il fait aussi mention des contestations des parties; il appointe en preuves de vive voix, ou par Experts, si la chose le requiert, ce qui s'execute dans les formes ordinaires. Aprés les preuves faites, le Commissaire continuant son verbal, dit que suivant lesdites justifications & preuves, il liquide chaque chose en particulier, estime les frais du calcul, & les déduit, puis fait une somme totale, à laquelle il condamne la partie, en la même façon qu'on le pratiquoit autrefois.

Pour les dépens, si le Demandeur a excedé le contenu en la déclaration fournie par le Défendeur, & qu'il ait insisté à plus, il est condamné aux dépens, de même à l'égard du Défendeur : Et sont lesdits dépens taxés par même jugement.

L'article VII. du titre X. de l'Ordonnance, veut que dans les Villes & Bourgs, où il y a Marché, on tienne Registres des Rapports que doivent faire chaque semaine les Mesureurs & les Marchands de Bleds ou de gros fruits, & de la valeur d'iceux : mais comme au Comté il n'y a pas des Mesureurs par tout, & que les Marchands peuvent facilement obmettre leurs rapports ; l'Ordonnance ancienne, aux articles M. CD. XXXIV. & M. CD. XXXV. du Recueil, & CD. XLII. de la suite qui s'accordent avec celle de Sa Majesté, subsiste en sa force.

Ainsi les Maires & Echevins des Villes & Bourgs, où il y a Marché, demeurent toûjours obligés, comme du passé, de faire leur rapport, non plus chaque mois ; mais chaque semaine, de la valeur & estimation des Bleds, Vins, & gros fruits, aux Greffes des Bailliages & des Justices, desquelles lesdits Bourgs & Villes dépendent, aux peines contenuës en l'une & en l'autre desdites Ordonnances.

L'on a parlé au Chapitre précedent des articles croisés, à quoi on se réfere.

CHAPITRE XI.

Des Dépens.

Forme de taxe dans ces Justices inferieures.

AVant d'entrer au détail de cette procedure, il faut être averti, que toutes les formalités ne sont pas semblables dans chaque Jurisdiction; parce que dans les Justices inferieures aux Bailliages, les Juges sont obligés, par les Sentences qu'ils prononcent, tant en l'Audience qu'aux Procés par écrit, de liquider les dépens par leurs Sentences, sans aucune déclaration, suivant l'article XXXIII. du titre 31. de l'Ordonnance; mais afin qu'ils ne soient pas dans la liberté d'y faire ce que bon leur semble, & sans pouvoir être contrôlés; ils doivent laisser au Greffe un état dans lequel seront contenus sommairement les droits qu'ils auront liquidés & taxés.

Taxe au Parlement & Bailliages.

Dans les autres Jurisdictions: Sçavoir, au Parlement, & aux Bailliages, on y procede en la maniere suivante; le Procés étant jugé, les Sacs doivent être remis au Greffe; & le Procureur le plus diligent, fait sommation à celui de la partie adverse *de comparoir à un tel jour, & à une telle heure, pour retirer les sacs du Procés d'entre les parties, jugé au Rapport d'un tel Conseiller, par Arrêt*, ou de la Sentence d'un tel Juge, *en date ..... & à faute d'y comparoir, declare qu'il retirera les siens, suivant l'Ordonnance.*

La sommation commence en la maniere ordinaire : Sçavoir. *A la Requête d'un tel, Procureur d'un tel, soit nommé & requis un tel, Procureur de .... de comparoir, &c.*

Le Greffier à la vûë de cette sommation est obligé à peine de trois livres par chaque jour qu'il dilaïe, de délivrer, & verifier les productions (c'est-à-dire revêtir les Inventaires.) Ladite peine de trois livres est dûë par le Greffier dilaïant, sans autre condamnation : En sorte que la partie en peut lever l'executoire.

Ce que doit contenir la Declaration.

Le Procureur qui a retiré ses pieces, dresse sa déclaration, & quoique la forme nouvelle ait beaucoup de rapport à l'ancienne : Néanmoins il y a difference à l'égard de quelques articles, qu'il est bon de remarquer.

Premierement, que tous les frais faits à l'égard d'une piece, & tous les droits qui la concernent,

nent, doivent être compris dans un ſeul article, aux peines portées dans le VII. article du titre 31. de l'Ordonnance.

Secondement, qu'aucun droit de conſultation, quoiqué ſigné des Avocats, n'entre en taxe: mais ſeulement un droit de Conſeil pour toutes les demandes, portées par le même Exploit, & un autre droit de Conſeil, au cas il ſoit fait quelque nouvelle demande, ſoit principale, ou incidente.

Ce droit de Conſeil, eſt le ſalaire du Procureur qui entend ſa partie ſur la déduction du fait, & qui enſuite aviſe à ce qu'elle doit faire pour bien commencer ſa demande: Le droit de Conſultation, eſt l'honoraire qui eſt dû aux Avocats, qui ont donné leurs avis ſur la difficulté.

Les Procureurs prétendoient autrefois faire entrer en taxe à leur égard un droit de Conſultation, lorſqu'ils aſſiſtoient, à celles faites par les Avocats : Mais l'article IX. dudit titre rejette tous droits de Consultation, non seulement à l'égard des Procureurs, mais encore à l'égard des Avocats : La partie en étant seule chargée, sans espoir de recouvrement.

Troisiémement, les défenses, & repliques, peuvent être faites par les Procureurs : mais depuis que la Cause est en droit par l'Appointement *d'écrire, & produire* ; les Contredits, les Salvations, & autres écritures, qui requiérent le ministere des Avocats, doivent être signées d'eux, autrement elles n'entrent pas en taxe.

En quatriéme lieu, n'y entrent pareillement les préambules des Inventaires, des Ecritures & des Avertissemens, si la longueur en paroît affectée, les choses inutiles, transcriptions de pieces, augmentations, ou changement fait des Rôles d'écritures, aprés le procés jugé.

Cinquiémement, pour obtenir des voyages & séjours, la partie présente en doit prendre un Acte au Greffe, l'affirmer, & le signifier le même jour qu'il a obtenu ; c'est dés lors seulement que se compte le temps du séjour.

Sixiémement, l'on passe aux Procureurs pour avoir revû les écritures, le dixiéme de ce qui entre en taxe pour les Avocats : Il est défendu aux premiers, d'employer dans les memoires des frais qu'ils donneront aux parties, plus grands droits que ceux qui entrent en taxe, à peine de repetition d'iceux, & trois cens livres d'amende.

Declaration communiquée.

La Déclaration étant dressée, on en doit donner copie au Procureur de la partie adverse, avec copie de l'Arrêt, ou Sentence qui a adjugé les dépens.

Procedure de la taxe.

Si le Défendeur en taxe est absent, il a autant de tems, pour demander communication des pieces justificatives des articles contenus dans la Déclaration, qu'il lui en faut pour venir dés le lieu de son domicile, à celui où la taxe doit être faite, en comptant dés le jour de ladite signification, & prenant un jour pour dix lieues.

Dés lors il a huit jours, pendant lesquels le Procureur du Demandeur en taxe, est obligé de communiquer à celui du Défendeur toutes les pieces justificatives de sa déclaration ; Et doit cette partie pendant lesdits huit jours accepter ladite déclaration, ou faire ses offres.

Ce délai lui est accordé, pour examiner ce qui doit être passé de chaque article, faire supputation de la somme totale, & offrir celle à laquelle il jugera devoir monter tous les dépens : D'où vient que l'article XXII. dudit titre, dit que le Procureur du Demandeur en taxe, pour meriter son assistance ou vacation à ladite taxe, doit écrire de sa main en marge de chaque article de la Déclaration des dépens dont il s'agit, les diminutions qu'il prétend devoir être faites, de ce qui est demandé par lesdits articles, & noter l'excés que contient la demande.

Si l'offre faite par le Défendeur est juste, il évite les droits du calcul, ceux du Greffe & du voyage nouveau, ou de la continuation du séjour qu'il faudroit employer pour conclure en cette taxe.

Le Défendeur en taxe, fait donc ses offres par un Acte de Sommation ; qui porte en substance, *qu'il offre la somme de ... l. à laquelle il estime devoir être reduits les dépens adjugés à un tel ..... par jugement rendu le ..... & mentionné en la Déclaration communiquée, par un tel .... & faute d'accepter lesdites offres, proteste de n'être tenu des frais qui pourroient être faits, au préjudice d'icelle.*

Le Demandeur y répond, ou instamment, par le même Acte que les offres lui sont signifiées, ou aprés : En ce dernier cas, il dresse un Acte responsif au precedent, par lequel il déclare *qu'il accepte lesdites offres, requiert le Demandeur de payer présentement la somme offerte, & qu'à faute de ce, il levera incessamment executoire de ladite somme, aux frais du Défendeur* : Il porte ensuite au Greffe la Cedule qui contient cette acceptation, sur quoi il leve un Executoire, sans payer aucuns droits, ni au Juge, ni au Greffier, sinon l'émolument dudit Executoire.

Au cas que le Défendeur ne fasse point d'offres, ou que le Demandeur n'accepte pas celles qui lui sont faites, le Procureur de celui-ci met és mains du Procureur tiers, les pieces justificatives, pour être par lui procedé à la taxe. Ce Procureur est l'un de ceux que la Communauté des

Procureurs a nommé pour régler, & taxer les dépens dans les Jurisdictions, où cet emploi n'est pas établi en titre d'office.

Le Procureur tiers cotte de sa main au bas de la Déclaration, le jour qu'elle lui a été mise ès mains, avec les pieces justificatives : Ce que le Demandeur fait signifier au Procureur du Défendeur, par lequel il déclare, *que lesdites Declarations & pieces sont entre les mains du Procureur tiers, depuis un tel jour, requerant le Défendeur d'en prendre communication sans déplacer.*

Aprés trois jours francs, du jour de cette Sommation, le Demandeur en fait une seconde, par laquelle *il requiert le Procureur du Défendeur de comparoir chés le tiers, demeurant en telle ruë, à certain jour & heure, pour voir arrêter les dépens contenus en la Déclaration qui lui a été signifiée, & la signer, ou qu'autrement, il y sera procedé, tant en presence, qu'en absence.*

Où le Défendeur compare, & alors le Procureur tiers arrête les dépens en sa presence. Où il ne compare pas, & en ce cas le Procureur tiers arrête les dépens, sur un memoire qu'il fait des sommes arrêtées, lesquelles doivent ensuite être mises sur chaque article de la Déclaration des dépens : Ce memoire y demeure attaché : Le tiers doit encore mettre sur chaque piece qui entrera en taxe, la somme à laquelle elle aura été taxée, & au bas son paraphe.

Tems dans lequel le tiers doit taxer.

Pour empêcher que le Procureur tiers ne tarde d'arrêter les dépens au préjudice des parties, l'article XXI. dudit titre XXXI. de l'Ordonnance ne lui donne que huit jours, lorsque la Déclaration contient deux cens articles, ou au-dessous, & quinze jours si elle en contient un plus grand nombre : Ces délais se comptent du jour que la Déclaration, & les pieces lui ont été

mises

mises és mains ; il doit y satisfaire, à peine de répondre des dépens, dommages, & interêts des parties.

Taxe arrêtée doit être signée & calculée.

Les dépens étant arrêtés, on fait signer un troisiéme Acte de sommation au Procureur Défendeur, par lequel on lui déclare, *que les dépens ont été arrêtés, qu'on le requiert de les signer, ou qu'à faute de ce faire, on en procurera le calcul par le Commissaire.*

Au cas de refus, le Procureur du Demandeur passe auprés du Commissaire, & tant en présence, qu'en absence du Défendeur, ledit Commissaire calcule l'arrêté des dépens, & en met la somme totale au bas de la Déclaration, disant : *Que les dépens ont été par lui arrêtés, en presence ou en absence du Demandeur : Qu'ils reviennent à telle somme, dont l'executoire sera délivré au Demandeur.*

Aux procès par écrit, ce sont

les Rapporteurs qui ſignent la taxe des dépens : Quant à ceux qui ſont adjugés à l'Audience, ils ſont ſignés par les Conſeillers, tour à tour.

L'article XIII. du même Titre fait défenſes aux Juges & aux Commiſſaires, de prendre plus grands droits, que ceux qui ſeront taxés ; & le XXVI. défend au Commiſſaire, de rien prendre pour la ſignature du Calcul, dont l'émolument demeure à ſon Clerc.

Le ſurplus, qui concerne les dépens, ne regardant que les droits, qui doivent entrer en taxe, on peut s'en inſtruire à la vûë du Titre 31. de l'Ordonnance. Si l'on ajoûte toutesfois une remarque, qui dépend de la procedure : Savoir, lorſqu'on a obmis quelques articles, on peut, après la taxe faite, préſenter requête, remontrer l'obmiſſion, & conclure à ce qu'il ſoit permis de la donner par déclaration, & faire taxer ce qui a été obmis : Ce qui eſt accordé, pourvû

Obmiſſions faites en la Taxe.

que l'executoire ne ſoit pas levé ; car s'il eſt levé, on rejette l'obmiſſion.

Il ſera traité ſous le Titre des Appellations, de celles qui ſont interjettées de la taxe des dépens.

CHAPITRE XII.

Des Expediens.

LEs trois derniers chapitres contiennent des cas ſujets aux Expediens ; ainſi, il eſt à propos d'en expliquer la nature & les effets, puiſque c'eſt un terme inconnu à l'ancien ſtyle. On peut dire que cette procedure eſt amphibie, parce qu'elle convient aux Inſtances & aux Appellations ; on en traite en ce chapitre, puiſqu'il eſt ſous le Titre des Inſtances, & que naturellement elles précedent les Appellations.

Vuider une Cauſe par *Expedient*, dont parlent les articles IV.

V. VI. VII. & VIII. du Titre 6. de l'Ordonnance, c'est faire juger la Cause au Parquet de Messieurs les Gens du Roy, ou par l'avis d'un ancien Avocat, choisi par les Avocats & Procureurs des Parties.

Chacune de cette espece de connoissance ou de Jurisdiction, a son sujet ou sa matiere distincte. On ne vuide au Parquet, que les Appellations de déni de renvoi, & d'incompétence; au lieu que l'ancien Avocat choisi, comme il vient d'être dit, juge non seulement des foles intimations, & des désertions d'appel; mais encore des choses legeres; qui lui sont souvent renvoïées par la Cour aux Audiences, lorsqu'elle connoît qu'il n'est question que de peu de chose, comme de quelques dépens, d'un principal de petite considération, ou que l'affaire ne mérite pas l'honneur de l'Audience; alors on prononce: *Renvoyé au jugement d'un ancien Avocat*, que la Cour nomme.

La matiere des Expédiens qui vont au Parquet, est facile à entendre, puisque, comme il a été dit, il ne s'y traite que des appellations émises du refus, ou de la négligence des Juges inférieurs, à faire Justice, ou de leur incompétence. Quant aux foles intimations & désertions d'appels, on pourroit remettre d'en parler au titre suivant des Appels; néanmoins, comme elles sont les sujets les plus ordinaires des Expédiens renvoïés à l'avis des Avocats, il paroît plus à propos de parler icy des foles intimations.

Pour en comprendre la signification, il faut sçavoir, que quand l'une des Parties, ne se contentant pas d'intimer, ou de faire entrer en la cause d'appel, la Partie qui étoit du procez de l'instance, en fait encore intimer d'autres, une, ou plusieurs, soit pour infirmer la Sentence, & se joindre à l'Appellant, si c'est lui qui les fait intimer, ou pour soûtenir la Sen- *Foles Intimations.*

tence, lorſque c'eſt l'Intimé qui les y appelle, ou le Juge même qui a rendu la Sentence, s'il prétend qu'il ait jugé contre l'Ordonnance : En ces cas, ſi les Parties ainſi miſes en cauſe ſoûtiennent qu'elles ont été folement intimées, pour n'avoir aucun interêt à la confirmation, ou à l'infirmation de la Sentenee dont appel, elles inſiſtent à ce que le Juge le déclare ainſi ; & de plus, que la Partie qui les a fait intimer, ſoit condamnée aux dépens & en l'amende: C'eſt une fole intimation.

Foles Appellations.

Les foles Appellations, ſont celles dont eſt parlé en l'article XXIV. du Titre 29. de l'Ordonnance, & qui procedent des Récuſations déclarées inadmiſſibles, ou dont on a été débouté faute de preuves. De même en l'article V. du Titre 25. lorſqu'un Juge pris à partie eſt renvoïé.

En l'une & l'autre de ces rencontres, lorſqu'un Juge dit qu'il a été mal appellé, c'eſt à dire que la Sentence sortira son effet, on condamne l'Appellant à une amende plus considérable, que dans les autres Appellations, puisque par l'article XXIX. du Titre 25. de l'Ordonnance, elle est de deux cens livres au Parlement.

Elle est plus grande avec raison, parce que dans les Appellations ordinaires, l'Intimé, qui obtient, ne peut se plaindre, puisqu'il obtient principal & dépens contre sa Partie. Mais il n'en est pas ainsi à l'égard du Juge mal recusé, ou mal pris à partie, parce que, quoiqu'il n'ait point d'interêt à la cause, on n'a pas laissé de l'y faire entrer, en sorte que pour reparer l'injure qui lui est faite, lorsqu'on juge qu'il a été mal appellé, il a une moitié de l'amende; & de plus, son action en réparation est ce qu'on nomme l'amende des foles appellations.

Désertions soumises à l'Expédient.

Ce qui a été dit cy-dessus, Que les désertions se vuident par l'Expédient, n'a lieu qu'à l'égard de celles de petite importance, que les Parties veulent bien remettre de gré à gré à l'Expédient, parce qu'ordinairement les désertions & peremptions d'appel, se jugent à l'Audience.

Procedure en matiere d'Expedient.

Voicy la procédure qui s'observe en cette matiere. Lorsqu'il s'agit d'une appellation qui se doit juger par les Gens du Roy, la Partie diligente signifie les qualités de la cause, & en même temps fait sommation à l'autre *de comparoir demain à telle heure, au Parquet de Messieurs les Gens du Roy, pour vuider par leurs avis la cause d'appel entre lesdites Parties, déclarant qu'il y fera proceder, tant en présence, qu'en absence.* Elle exprime par le même Acte le nom de son Avocat & de son Procureur.

Si la Cause doit passer par l'avis d'un ancien Avocat, la Partie diligente fait une sommation semblable à celle cy-dessus, *par laquelle il interpelle sa Partie de se trouver à tel jour & à telle heure, à l'entrée du Palais, pour communiquer à Maistre...... ancien Avocat, & par son avis estre les Parties reglées sur la....* on met icy le sujet de la Cause. *Autrement proteste de prendre son avantage.*

Lorsque les Parties ne peuvent convenir d'un ancien Avocat, l'une d'icelle présente Requête à la Cour, qui en nomme un; ensuite la Requête est signifiée.

Après que l'ancien Avocat est choisi par les Parties, ou nommé par la Cour, & qu'il s'agit d'une Cause qui a été renvoïée à l'Expédient, on commence la sommation, que l'une des Parties fait à l'autre, à peu prés comme la précedente; sçavoir, pour se retrouver pardevant ledit Avocat; mais si elle n'y comparoît pas, il faut encore l'en requerir par deux autres sommations: Et si elle manque à la derniere, l'Avocat donne son avis, & fait mention de la non comparution

Si toutes Parties sont présentes, & que la Cause soit traitée au Parquet, ou pardevant l'ancien Avocat, elles déduisent leurs raisons. On y rend les avis par écrits, qui sont instamment signez de Messieurs les Gens du Roy, quand l'avis a été arrêté au Parquet; Et si c'est par un Avocat tiers, celui-cy le signe, avec les deux Avocats des Parties, ou avec celui du Poursuivant.

Si l'autre refuse, la Partie diligente lui dénonce, ou à son Procureur, qu'elle poursuivra la réception de l'Expédient à l'Audience d'un tel jour, tant en présence qu'en absence. Cette Audience est celle d'instruction, si ce n'est que l'Expédient ait été pris au sujet d'une appellation enrollée; auquel cas, elle se porte à l'Audience de relevée.

La Cause appellée, le Procureur du Poursuivant remontre qu'il y a Expédient; & sur la lecture qui en est faite, celui qui y préside, prononce que *l'Expédient tiendra.* L'Arrest est expedié en deux manieres, parce qu'il y a deux sortes d'Expédiens. Quand on rend jugement sur l'avis de l'ancien Avocat, il porte : *Entre*, &c on met les qualitez de la Cause ; puis est dit : *Sur la déclaration faite par les Procureurs des Parties, qu'elles ont pris Expedient en la présente instance, lecture en ayant esté faite, la Cour a receu & recoit ledit Expedient ; & suivant icelui, a ordonné & ordonne*, &c.

Arrests sur l'avis de l'ancien Avocat.

Quand il s'agit de désertion d'appel, ou de fole intimation, on dit : *Appointé est ; oui le Procureur general du Roi, la Cour a déclaré led.... folement intimé, l'a renvoyé & renvoye de l'intimation, avec dépens.* Si c'est une désertion, ou peremption d'appel, on dit : *Appointé est, oui sur ce le Procureur general du Roi, la Cour a declaré & declare ledit appel desert, ou peri ; ce faisant, elle ordonne que ce dont est appel sortira effet, condamne à l'amende & aux dépens*, Si la désertion n'est pas admise, le dispositif de l'Arrêt porte: *La Cour a converti la demande de desertion en anticipation, & a ordonné & ordonne que les Parties procederont sur l'appel en la maniere ordinaire.*

Arrests sur l'avis du Parquet.

C'est là la façon de prononcer aux Expédiens arrêtez par l'ancien Avocat; mais quand l'avis vient du Parquet sur les appels de déni de renvoi, & d'incompétence, le dispositif de l'Arrêt porte: *Appointé est, oui sur ce le Procureur general du Roi, la Cour a mis & met l'appellation, & ce dont est appel, au neant; émandant, a renvoyé les Parties pardevant à .... Juge de .... pour y proceder suivant les derniers erremens, sur la demande de l'Appellant, contenuë en son Exploit du... condamne l'Intimé aux dépens de la cause d'appel.*

Que si la Sentence est confirmée, on dit: *Ordonne que ce dont est appel sortira son effet, condamne l'appellant à l'amende & aux dépens de l'appel.*

Si l'Appellant, nonobstant l'appel, veut acquiescer à la Sentence, ce doit être par un Acte dûëment datté, signé, & signifié ; & alors, aprés les premices mises comme dessus dans l'Arrêt, on dit par le dispositif : *Ordonne que ce dont appel, à quoi l'Appellant a acquiescé sortira effet, le condamne à l'amende, & aux dépens de l'appel.*

Il y a trois choses à remarquer, pour achever cette procedure. Premierement, Que lorsqu'il s'agit d'une fole Intimation, ou d'une désertion d'appel qui doivent être jugées par un ancien Avocat, il faut que le Procureur Général y soit oüi, & qu'il soit ainsi exprimé dans l'Arrêt, parce qu'il s'agit d'amende

Secondement, il faut exprimer de quelle somme est l'amende, parce qu'elle excede celle qui est ordinaire aux autres appels.

Troiſiémement, la partie qui ſuccombe, doit toûjours être condamnée aux dépens.

Quatriémement, ces dépens doivent être taxés par les Procureurs, ſur un ſimple memoire, ſans frais, & ſans nouveau voïage; & la ſomme à laquelle ils ont été liquidés, doit être ſpecifiée dans l'Arreſt.

Cinquiémement, pour faire vuider l'Expédient, la préſence du Procureur n'eſt point néceſſaire, quand les Avocats ſont chargez des pieces; c'eſt à dire, pourvû qu'ils les aïent ès mains pour plaider, qu'ils comparent, & qu'ils faſſent les devoirs néceſſaires à cette inſtruction.

CHAPITRE XIII.

Des Saisies, Arrêts, Executions, & Ventes des Meubles.

CE que l'on appelloit autrefois *Gagement & Execution d'icelui*, s'appelle *Saisie*; ce qui se nommoit *Barre*, s'appelle icy *Arrests*. Ce mot convient aussi à l'emprisonnement de la personne obligée, & aux droits incorporels, comme sont les Offices. Ce qui s'appelloit *la Vente des choses saisies*, se nomme *l'Execution*, quoique ce terme *d'Execution* puisse encore convenir à la Saisie des meubles non encore vendus.

On suppose que les Saisies se font en vertu d'Arrêts, ou d'appointement, rendus sur Requêtes présentées à la Cour dans les cas ausquels la saisie a lieu. Et dans les Baillages en vertu des *Debitis*, comme du passé; Lorsque l'on s'oppose, l'Huissier donne copie des Titres du Demandeur, & de son Exploit au Défendeur & aux Oppofans, & les assigne en la maniere ordinaire, aux Causes d'instance.

L'article III. du Titre 33. de l'Ordonnance, déclare que les formalitez requises pour les Ajournemens, sont les mêmes qui doivent être observées à l'égard des saisies & des executions; avec cette différence toutesfois, que les Exploits doivent contenir l'élection du domicile du Saisissant, dans la Ville où la saisie & l'execution sont faites; ou si elle n'est pas faite dans une Ville, Bourg, ou Village; le domicile est élû dans le Village, ou la Ville qui est la plus proche: c'est pour donner moïen au débiteur de païer, ou faire ses offres à son créancier, sçachant le lieu où il peut s'adresser.

Quand toutesfois il s'y agit des choses qui ont le privilege des deniers roïaux: si ceux qui agissent ont

ont un Bureau, ils y peuvent faire élection de domicile, & non dans le Village, ou la Ville la plus proche.

Les Exploits doivent encore contenir l'heure du jour que la saisie & execution se sont faites; du moins, si c'est avant ou aprés midy.

Assistance des Témoins & Voisins.

Les Sergens & les Huissiers, avant d'entrer dans la maison, dans laquelle ils veulent saisir les meubles ou effets mobiliers, doivent être assistés de deux Témoins, ou Recors, & y appeller deux voisins au moins, pour y être présens, ausquels ils doivent faire signer leurs Exploits, ou Procez-verbaux, ainsi qu'à leurs Recors, ou dire qu'ils ont déclaré ne sçavoir signer. S'il n'y a point de voisins, les Huissiers doivent faire parapher leurs Exploits par le plus prochain Juge, incontinent aprés l'execution: Ce qui se fait, en disant, *Nous... Juge de... avons paraphé le present Exploit, suivant l'Ordonnance, ce requerant A... Sergent, pour servir & valoir ainsi que de raison.*

Au cas de Maison fermée.

Au cas que les portes de la maison soient fermées, ou qu'il n'y ait personne pour les ouvrir, ou que ceux qui y sont le refusent, l'Huissier en doit dresser un Procez verbal, & se retirer vers le Juge du lieu; lequel, au bas de l'Exploit, nomme deux personnes, en présence desquelles l'ouverture des portes, la saisie & l'execution sont faites; ils signent l'Exploit, ou Procez verbal de saisie, avec les Recors & l'Huissier.

Procez verbal de la Saisie.

En entrant dans la maison, l'Huissier doit dresser son Exploit, ou Procez verbal, & déclarer en détail tous les meubles qui s'y sont trouvés. Il doit faire distinction des meubles qui ne peuvent être saisis, qui sont ceux rapportez aux articles XIV. XV. & XVI. du Titre 33. de l'Ordonnance.

Meubles qui ne

A quoi il convient ajoûter les habits dont la femme & les enfans du saisi se servent, ou desquels ils sont couverts, les habits & les livres des Prêtres. On ne peut non plus saisir les gages des Officiers, ny des Domestiques de la Maison du Roy, ny des Gens d'armes de son Ordonnance, si ce n'est pour raison des chevaux, des harnois, & des vivres à eux fournis à la suite de la Cour.

peuvent être saisis.

Crainte que pendant les huit jours ausquels la vente est remise, les meubles ne soient détournés ou distraits, l'Huissier établit un Gardien, pour les representer, quand il en sera requis, à peine d'y être contraint par corps, comme Dépositaire des biens de Justice.

Establissement de Gardien, & ses devoirs

Le tout est signifié à la Partie saisie, à laquelle sur le champ est donné copie de l'Exploit, signée des mêmes personnes qui ont signé l'original. Le nom & le domicile du Gardien établi, doivent aussi être exprimés; celui-cy peut en même temps être mis en possession des choses saisies, s'il le requiert, avec défenses au saisi de le troubler.

Le débiteur néanmoins peut offrir un Gardien solvable, & par ce moïen empêcher que les meubles ne soient déplacés, ny donnés en garde à un autre; mais si l'Huissier prétend que le Gardien présenté n'est pas solvable, il le doit refuser, & en donner un autre plus solvable, ou faire transporter les meubles chez un bon Bourgeois, pour empêcher la dissipation qui pourroit s'en faire, s'il sortoit de la maison, sans les avoir mis en sûreté.

Il est défendu par les articles XIII. & XIV. dudit titre de l'Ordonnance, à peine de tous dépens, dommages & interêts du Saisissant, aux parens & alliés de l'Huissier executeur, comme aussi à la femme, aux enfans, ou petits-enfans du saisi, d'être gardiens; ses oncles toutesfois & ses neveux le peuvent être, en s'obligeant solidairement avec le saisi, à la representation des meubles executés, à peine d'y être contrains par corps.

Les Gardiens sont obligés de conserver les choses données en garde, & d'en rendre compte au saisi & à ses creanciers; comme aussi de tous les fruits & profits qui en peuvent provenir. Ils ne peuvent se servir des choses saisies, ny les bailler à loüage, à peine d'être condamnés aux dommages, & interêts des Parties, & d'être privés des frais de leur garde, & de leur nourriture.

Quand il arrive contestation entre les Parties, & que jugement diffinitif y est rendu, alors le Gardien est déchargé de plein droit, ainsi que deux mois aprés que les oppositions ont été jugées; sous la charge neanmoins de rendre compte de l'administration, & des choses qui lui auront été données en garde. C'est la disposition de l'article XX. du Titre 19. de l'Ordonnance.

Aprés huit jours francs écou-

Vente des Meubles; quand & comme elle se fait.

lés, à compter depuis celui de l'execution, on peut passer outre à la vente des choses saisies, avec cette distinction toutesfois que ou elles consistent en espece, comme grains, vins, & semblables, ou en meubles précieux, ou en meubles communs & ordinaires.

On ne peut vendre ces derniers, qu'aprés que les choses qui sont en especes, auront été apprétiées, parce qu'il faut sçavoir si par ces apprétiations on arrivera à la somme pour laquelle la saisie a été faite, avant que de venir aux autres meubles. Ces especes & meubles communs peuvent être vendus le même jour du marché auquel ils sont exposés en vente.

Les meubles précieux, comme les bagues, joyaux, & vaisselle d'argent, en valeur de trois cens livres, ou plus, ne peuvent être vendus, qu'aprés trois expositions à trois jours de marché differens; à moins que le saisissant & le saisi n'en conviennent. S'ils le font, ce doit être par écrit, & le remettre entre les mains du Sergent pour sa décharge.

Ce que ces trois especes de meubles ont de commun est, Que lorsque la vente s'en fait, en vertu d'une obligation, ou d'un jugement scellé, ils peuvent être vendus, sans recourir à nouvelle Ordonnance du Juge, pourvû qu'il n'y ait point d'opposition. S'il y a opposition, il faut que le Juge y prononce avant la vente, n'étoit qu'il ordonne, comme il le peut, suivant l'exigence des cas, que les meubles seront vendus, à la diligence du saisissant, & que jusques à ce que les oppositions soient vuidées, le Sergent, s'il est solvable, demeurera dépositaire des deniers qui proviendront de la vente; s'il ne l'est pas, il pourra les faire mettre en main tierce, ainsi qu'il a été dit des meubles sequestrés.

Pour parvenir à la vente, il faut qu'elle soit signifiée au saisi, auquel on l'a dénoncée, au jour &

heure ordinaire du marché public, le plus prochain du lieu où la saisie a été faite.

L'exploit de l'Huissier porte: *Qu'un tel jour..... à la requête de... il a signifié & déclaré à...* (il insere le nom du saisi) *parlant à..... en son domicile, qu'un tel jour du marché de.... il procedera à la vente, & à l'adjudication des meubles sur lui saisis, & executés en vertu de ladite Sentence,* ou Arrêt, *par Exploit du.... qu'il en fera l'adjudication au plus offrant & dernier encherisseur, le marché tenant, jusques à la concurrence de la somme de.... à laquelle il a été condamné par ladite Sentence,* ou Arrêt, *ou à laquelle il reste obligé par un tel Contrat, & du tiers plus, à ce qu'il ait à y faire trouver des encherisseurs, si bon lui semble, & qu'il lui a laissé copie de son Explpit.*

L'Huissier interpelle le Gardien de representer les choses dont il est dépositaire; s'il le refuse, l'Huissier l'Huissier dresse un autre Exploit, par lequel il dit, *qu'ayant fait commandement par le Roi audit Gardien, de representer les meubles & choses saisies, & l'ayant refusé, il lui a donné assignation, à comparoir pardevant le Juge de l'execution de la Sentence de laquelle il s'agit, à une telle heure d'un tel jour, pour se voir condamner par corps, suivant l'Ordonnance, de representer les choses saisies, avec dommages, interêts & dépens.*

Le delai de l'assignation expiré, on en use à cet égard comme aux autres matieres sommaires; & en suite du jugement qui y est rendu, le Gardien satisfait à la representation par contrainte.

Proces verbal de la vente des meubles.

S'il le fait volontairement, l'Huissier procede à la vente, au jour du marché assigné. Il expose les meubles & les choses saisies, & les publie à haute voix, en la maniere accoûtumée. Il fait note des encheres de chaque chose, & en fait la délivrance au plus offrant

& dernier encherisseur, à charge de païer le prix instamment. Il en reçoit les deniers, qu'il délivre au saisissant; & s'il y a plus que ce qui lui est dû, déduction faite des frais, l'Huissier le donne au saisi: où s'il y a opposition, il doit aux peines portées en l'article XX. dudit Titre 33. de l'Ordonnance, remettre la distribution des deniers, jusques à ce qu'il en soit ordonné par Justice. De tout quoi il dresse son Procez verbal, dans lequel il ne doit pas obmettre le nom & le domicile des Adjudicataires.

Peine de l'Huissier qui manque aux formalitez.

S'il manque aux formalitez cy-dessus requises, les Exploits de saisie & Procez verbaux sont nuls, & lui condamné aux dommages & interêts envers le saisissant & le saisi; il est interdit de son Office, & condamné à cent livres d'amende, applicable moitié au Roi, & moitié à la Partie saisie, sans espoir de modération ny de remise.

Il ne peut rien prendre des Adjudicataires, outre le prix de l'adjudication, à peine de concussion ; & aprés la vente achevée, il doit porter la minute de son Procez verbal au Juge ; lequel sans frais, de sa main, taxe le salaire à l'Huissier, qui en doit faire mention dans les grosses de son Procez verbal, à peine d'interdiction, & de cent livres d'amende envers le Roi. *Salaire de l'Huissier.*

Comme l'Huissier peut retenir les deniers de la vente des meubles, ou être en demeure d'en païer ceux à qui ils doivent être délivrés ; s'il y manque, il faut le faire assigner pardevant le Juge, pour voir déclarer contre lui les peines portées au XX. article du Titre 33. de l'Ordonnance : sçavoir l'interdiction, la condamnation à l'amende de cent livres, & aux dépens.

Cette demande est traitée sommairement ; & le jugement s'execute, nonobstant opposition ou appellation quelconque, & sans y préjudicier.

Il n'est pas hors de propos de *Clameur de Haro.*

faire icy mention de ce que porte l'article XI. du Titre 11. de l'Ordonnance; car encore qu'il soit rangé sous ledit Titre, au sujet de l'abrogation qui y est faite de toutes les instructions à la barre, & pardevant les Conseillers commis; néanmoins l'exception qui est faite audit article des Comparutions sur les Clameurs de Haro, & sur les arrests des personnes & des biens, en vertu des privileges & des foires, regarde les saisies, & partant il est nécessaire, pour l'intelligence de cet article, de sçavoir:

Qu'encore que la Clameur de Haro soit un privilege du Païs de Normandie, qui a pris son origine du Duc Raoul, Prince tres-juste, que le Peuple Normand appelloit à son secours, lorsqu'il étoit oppressé. Cet usage ne laisse pas d'avoir encore son effet dans les Villes qui ont le privilege des Foires, & où l'on ne peut, pendant icelles, & le temps des marchés, ny sur le chemin, emprisonner une personne, ou saisir ses biens, sans autorité de Justice.

En ces occurrences, si une Partie souffroit violence, & se voïoit oppressée, elle peut, à la clameur de Haro, faire en présence de témoins, & sans ministere de Sergent, arrêter tout court l'entreprise, & donner assignation, pour comparoir à toutes heures en l'Hôtel d'un Juge, ou d'un Commissaire, qu'elle se fait députer.

C'est le cas auquel on peut se servir des Instructions à la barre, & pardevant les Commissaires; comme on le peut aussi en matiere de saisies des biens discutés par decrets, ausquels l'Ordonnance n'a rien touché.

CHAPITRE XIV.

De l'Execution des Arrests & Sentences.

ENcore que tout ce que contient ce Titre dans l'Ordonnance, consiste plus en maximes qu'en procedure, il ne laisse pas de s'y rencontrer quelques singularitez, qu'il est utile de sçavoir.

Les Sentences, & Jugemens qui ont force de chose jugée, suivant l'article V. du Titre 27. de ladite Ordonnance, sont ceux rendus en dernier ressort, dont il n'y a pas d'appel, ou dont l'appel n'est pas recevable, soit que les Parties y aïent acquiescé formellement, ou qu'elles n'en aïent pas interjetté l'appel dans le temps de l'Ordonnance, ou bien que l'appel ait été déclaré peri.

La procedure qui concerne l'execution desdits Arrêts & Sentences, ne consiste en autre chose, sinon qu'ils doivent être signifiez à la Partie, soit à sa personne, soit à son domicile, ou à son Procureur, si elle en a constitué un; mais en ce cas, la signification en doit être faite à ce dernier, avant que de la pouvoir faire à la Partie.

On ne peut proceder à l'execution des Sentences, & Arrêts passés en force de chose jugée, que quinze jours aprés que la signification en a été faite.

Il est vrai que quand il s'agit de la condamnation en réintegrande à délaisser la possession d'un héritage, lorsqu'il n'est éloigné que de dix lieuës, la Partie condamnée doit s'en désister dans la quinzaine; & si la distance passe les dix lieuës, il faut ajoûter à ce delai un jour pour dix autres lieuës.

Aprés ces delais expirés, l'execution doit avoir son effet, à peine de deux cens livres d'amende, applicables pour une moitié envers le Roy; & pour une autre moitié envers la Partie, nonobstant les oppositions des tierces personnes, & sans préjudicier à leurs droits.

A cet effet, celui qui a obtenu ce jugement, fait une sommation d'y satisfaire, dont la formule n'a rien de singulier.

Celui qui n'obéit pas à l'Arrêt dans le temps cy-dessus prescrit, peut être condamné par corps à délaisser la possession de l'héritage, & à tous dépens, dommages & interêts ; n'étoit toutesfois qu'il eût été dit, que ce sera en remboursant la Partie condamnée, de quelques impenses, ou méliorations ; parce qu'en ce cas, elle ne peut être contrainte de quitter l'héritage, qu'aprés qu'elle sera remboursée, pourvû que dans un seul delai, qui sera ordonné par la Sentence, ou Arrêt, elle fasse liquider son remboursement, faute dequoi elle sera dépossedée, en donnant, par celui qui a obtenu gain de cause, caution de rembourser, aprés que la liquidation sera faite.

Par l'article VII. du Titre 27 de l'Ordonnance, Sa Majesté veut que le Procez soit extraordinairement fait & parfait à ceux qui par violence, ou voïe de fait, en auront empêché l'execution; qu'ils soient condamnés solidairement aux dommages & interêts de la Partie, & à deux cens livres d'amende, moitié au Roy, moitié pour la Partie, & qu'ils répondent des condamnations portées par les Jugemens & Arrêts.

En vertu de condamnation par provision; les immeubles du condamné peuvent être saisis, mais ils ne peuvent être vendus qu'aprés le jugement diffinitif.

Le surplus de la procedure concernant l'execution des jugemens rendus, a été traité sous les chapitres des Liquidations, Cautions, & Taxe de dépens, ou le sera cy-aprés sous le Titre des Appellations.

CHAPITRE XV.

Des Contraintes par corps.

A La reserve des cas spécifiés aux articles II. III. IV. V. & VII. du Titre 34. de l'Ordonnance, les Juges ne peuvent condamner par corps en matiere civile; l'article II. permet lesdites condamnations & contraintes pour les dépens, dommages & interêts, & les restitutions des fruits adjugés, s'ils montent à deux cens livres, & au dessus.

Les Contraintes par corps sont encore permises, pour ce qui est dû de liquide & certain, par les Tuteurs & Curateurs, à cause de leur administration, quatre mois aprés la condamnation, à compter dés le jour de la signification de la Sentence, ou de l'Executoire, & du Commandement de païer. La procedure est telle :

L'Huissier dresse un Exploit, par lequel il déclare : *Que par vertu de la Sentence & de l'Executoire dattée . . . . à la requête de . . . . qui a élû son domicile en telle maison, il a fait commandement de par le Roy à . . . . en son domicile, parlant à . . . de lui payer la somme de . . . . dûë en vertu desdites Sentence & Executoire, Et comme il en est refusant, ou a dit ne le pouvoir faire, ledit Huissier lui a déclaré qu'il y seroit contraint par corps, aprés les quatre mois passés, suivant l'Ordonnance.* Il laisse en même temps copie de la Sentence, de l'Executoire, & de son Exploit.

Aprés les quatre mois passés, sans recourir au Juge, ny faire aucune procedure, on leve au Greffe une Sentence, qui condamne le débiteur de païer dans la quinzaine, ou à defaut de ce, qu'il y sera contraint par corps. La signification se met au bas de ladite Sentence, & l'on y doit obſerver les formalitez des Ajournemens contenus dans l'Ordonnance.

S'il y a Appel, ou Oppoſition à l'execution, il faut la ſurſoir, juſqu'aprés que le jugement y aura été rendu. Si toutesfois la perſonne avoit été ſaiſie avant qu'on eût ſignifié l'Appel émis, l'article XII. dudit Titre 34. de l'Ordonnance veut que la contrainte ait ſon effet.

Pour y proceder, l'Huiſſier qui ſaiſit la perſonne, dreſſe un Exploit d'empriſonnement, par lequel il fait mention *de la Sentence, & de la ſignification précedente; fait commandement iteratif au condamné, de lui payer la ſomme portée dans ladite Sentence, & que comme il en a été refuſant, il a déclaré qu'il le faiſoit priſonnier de par le Roy, lui enjoignant de le ſuivre és priſons de . . . ainſi qu'il a fait, l'y aïant conſtitué priſonnier, aſſiſté de . . . . & de . . . . Et qu'étant auſdites priſons, il a fait écroüe de la perſonne ſaiſie, ſur le Regiſtre de la Geole.*

Si l'Huissier ne le pouvoit arrêter, qu'aux jours de Fêtes & Dimanches, il est nécessaire qu'il en obtienne permission du Juge. A cet effet, il dresse un Precez verbal, ou un Exploit, par lequel *il déclare les devoirs faits pour saisir le débiteur, mais qu'il a appris qu'on ne pourroit le rencontrer, qu'aux jours de Festes. Il en a donné acte au saisissant, & dressé le Procès verbal, pour lui servir où il appartiendra.*

Au bas le Juge met *la permission de faire executer le jugement les jours de Festes & Dimanches, sans scandale, hors l'entrée & sortie de l'Eglise.*

De toutes les Contraintes par corps qui sont permises, il en faut excepter les femmes & les filles, parce qu'elles ne peuvent s'obliger, ny être sujettes à ladite contrainte, si elles ne sont Marchandes publiques, ou pour cause de Stellionnat, procedant de leur fait. Les Septuagenaires ne peuvent aussi être emprisonnés, ny retenus en prison pour dettes purement civiles, sinon pour Stellionnat, recelé, pour dépens en matieres criminelles, ou que les condamnations soient par corps. Cet avis est nécessaire aux Huissiers & Sergens.

Comme l'est aussi à tous Greffiers, Notaires, & Tabellions, la défense portée en l'article VI. dudit Titre 34. de l'Ordonnance, de passer aucun Jugement, Obligations, ou autres conventions, portant contrainte par corps, contre aucun Sujet de Sa Majesté, encore que les Actes aïent été passés hors le Roïaume; à peine de tous dépens, dommages & interêts, & à tous Huissiers de les executer, à même peine. L'article VII. dudit Titre fait une exception considérable; sçavoir des Baux que font les proprietaires d'héritages scitués en la campagne, dans lesquels on peut stipuler l'Obligation & Contrainte par corps.

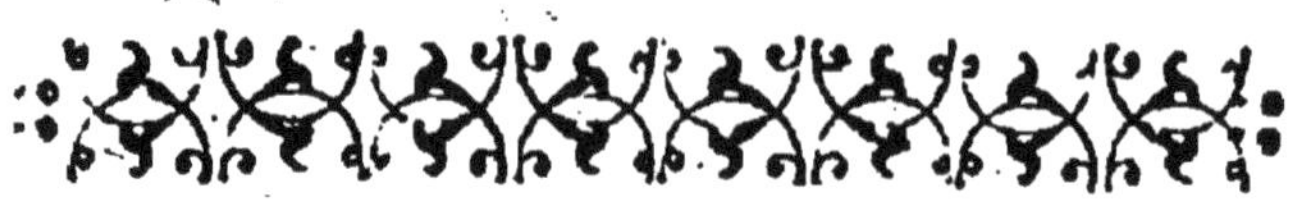

TITRE VII.

Procedure des Appellations.

IL y en a de cinq especes ; La Procedure des Appellations verbales : Celle des Appellations des Sentences renduës sur Procez par écrit ; Les Appellations incidentes, qui s'émettent pendant le cours de la Cause principale ; Celles de la Taxe des dépens : Et Celles du Déni de renvoi & d'incompétence. On a déja traité de ces dernieres au chapitre 12. du Titre précedent.

CHAPITRE I.

Des Maximes communes à toutes les Appellations.

Delais pour appeller, & relever les Appels.

IL faut supposer, avant toutes choses, que l'Ordonnance établit en matiere d'Appel, des Regles différentes de l'ancienne Pratique; en voicy le sommaire.

Regulierement toutes les Sentences des Juges inferieurs sont sujettes à l'Appel pendant trente ans : si cependant celui qui a obtenu à ses fins, ne veut pas attendre aussi long temps, dans l'incertitude, si le condamné ne se pourvoira pas contre, l'Ordonnance lui permet, trois ans aprés la signification de la Sentence, de faire faire à sa Partie adverse une sommation de déclarer s'il prétend en interjetter appel; si la Partie ne dit mot, il doit six mois aprés cette sommation, en faire faire une

une autre ſemblable : ſi la Partie demeure encore dans le ſilence pendant les ſix ans & demy qui ſuivent, la Sentence paſſe en force de choſe jugée, aprés dix ans, qui ſe comptent du jour de la premiere ſignification. Ce delai eſt plus long du double à l'égard des Sentences qui intereſſent les Egliſes, les Hôpitaux, les Colleges, les Maladeries, & les mineurs. Cette nouvelle Juriſprudence de l'Ordonnance de 1667. contraire aux principes de l'ancienne, n'a pas été reçuë également par tout. Elle ſe reſtraint même par les limitations ſuivantes.

La premiere : Que les delais cy-deſſus ne commencent à courir, pour les abſens hors du Roïaume pour le ſervice, & par ordre du Roy, quoiqu'ils aïent été sommés, que depuis leur retour.

Secondement : A l'égard des mineurs, en faveur deſquels le delai ne commence que du jour qu'ils ont vingt-cinq ans accomplis.

Troisiémement : Si le Titulaire d'un Benefice a été condamné, & qu'il meure pendant les six années accordées aux Eglises, son successeur paisible aura une année entiere, & ce qui restera desdites six années pour appeller.

Quatriémement : Si la Partie condamnée, & non privilegiée, décede pendant les trois années du delai, ses héritiers, ou légataires universels majeurs, ainsi que les donataires & légataires particuliers, & tiers détenteurs, auront pardessus le temps qui en restera, une année entiere.

Cinquiémement : Encore que le possesseur beneficié ait été sommé d'interjetter appel, cette sommation ne retranche point les delais du Successeur, Titulaire du Benefice, quand celui-là est décedé pendant les six années qui sont accordées aux Eglises ; mais demeurent à sondit Successeur les six mois entiers pour appeller, lesquels ne commencent que depuis que la

Sentence lui a été signifiée, ou qu'il a été sommé d'appeller.

Sixiémement : Il en est de même des héritiers, ou légataires universels, donataires, ou légataires particuliers, & tiers détenteurs, desquels il a été parlé cy dessus : Sçavoir, que dans six mois, à compter du jour de la nouvelle Sommation, ils pourront interjetter appel, sans que la Sommation faite au défunt (s'il y en a aucune) empêche qu'ils n'aïent six mois entiers.

La Sommation se fait par l'Exploit d'un Huissier, qui porte que : *L'an .... à la requête de .... il a sommé & interpellé N.... parlant à .... en son domicile, d'interjetter Appel, si bon lui semble, de la Sentence contre lui renduë, au profit de .... par M.... le .... en datte du .... sinon à faute de ce faire dans six mois, à compter de ce jourd'huy, lui est déclaré que ledit temps passé, il n'y sera plus receu, suivant l'Ordonnance ; & à ce qu'il n'en ignore, je lui ai baillé & laissé copie, tant de ladite Sentence que du présent Exploit, en présence de .....*

Protestations d'appel levées.

Septiémement: L'Appellant n'a pas besoin de protester d'appeller, avant que de l'émettre, comme il y étoit obligé autrefois, à peine de désertion; il suffit qu'il interjette son Appel dans les temps cy-dessus marqués, sans autre prémice ny protestation.

Sommes desquelles on ne peut appeller.

Huitiémement: La nouvelle Ordonnance, supposant qu'il y a certaines sommes ausquelles les Présidiaux peuvent juger sans appel, elle ne détruit pas l'ancienne Ordonnance du Comté, qui ne permet point qu'on appelle des Sentences des Lieutenans des Bailliages, à moins que la somme dont il s'agit n'excede dix livres; lesquelles seront prises à l'avenir, ainsi que les amendes, en monnoye du Roïaume.

Neuviémement: Quoique la nouvelle Ordonnance n'abroge

point en termes exprés les Adhésions, elle en détruit toutesfois les effets, puisque non seulement la protestation qui y étoit nécessaire est levée, mais encore parce que l'Ordonnance veut qu'en instances & en appellations, on condamne aux dépens & en l'amende : ce qu'empêchoit l'Adhésion.

Dixiémement : L'amende de l'appel, qui étoit du passé de dix livres seulement à la Cour, & de soixante sols aux autres Justices, est à présent de douze livres, monnoïe du Roïaume, au Parlement, tant pour les privilegiés, que non privilegiés : & de six livres aux Justices inférieures.

Amende de quelle somme.

Onziémement : L'amende de l'appel ne se consignoit pas autrefois, sinon en quelques cas ; aujourd'huy elle doit être consignée, avant que l'Appellant soit admis à faire aucune poursuite sur l'appel. La copie de la quittance doit être donnée au Procureur de la Partie adverse. Le même s'observe,

Consign. de l'amende.

à l'égard de l'Intimé ; quand l'Intimé en a fait l'avance, il ne la retire du Greffier, ny du Receveur, mais seulement il l'a fait entrer dans la taxe des dépens, si la Sentence est confirmée ; si elle est infirmée, le Receveur est obligé de la restituer, sur la simple communication de l'Arrest.

Renonciation aux Appels. Douziémement : Suivant l'ancien Style & le nouveau, l'Appellant dans dix jours peut renoncer à son Appel, sans courir risque des dépens. Il peut encore renoncer aprés les dix jours, & avant le jugement rendu ; mais en ce cas, il ne le peut être, qu'en supportant tous les dépens qui ont été faits.

Ce qui est de plus par la nouvelle Ordonnance, consiste en ce que si l'Intimé a obtenu Lettres d'anticipation, avant les dix jours dans lesquels l'Appellant peut renoncer, celui-cy ne laisse pas d'avoir son delai libre & entier, & peut renoncer, avant qu'il soit fini, ſans encourir les dépens de l'anticipation, leſquels tombent à la ſeule charge de l'Intimé.

Treiziémement : Au lieu que par l'ancienne Ordonnance l'Appellation ſuſpendoit, en certains cas, l'execution de la Sentence dont appel, ſans qu'il fût néceſſaire d'en obtenir une inhibition plus particuliere, à préſent il y a une diſtinction à faire ; car les Appels qui ſont interjettés par cédules & ſimples actes, ne ſuſpendent pas : en ſorte que, quoiqu'ils ſoient ſignifiés, le Juge peut, nonobſtant ce, paſſer à l'execution de ſa Sentence. Il n'en eſt empêché, ny la Partie qui a obtenu gain de cauſe, qu'aprés que l'Appellant a levé & ſignifié les Lettres de relief d'appel, ou Arreſt ſur Requête, qui le tiennent pour Appellant.

Griefs fournis ſéparément du Relief d'appel.

Quatorziémement : Les griefs & moïens d'Appels étoient inſerés dans les Lettres de relief & Mandement d'Appels ; aujourd'huy ils doivent être fournis séparément.

Evocation des Causes principales défenduë.

Quinziémement : Il n'est pas permis aux Juges, sous prétexte des Appellations incidentes, d'évoquer les Causes d'instance, & Procez pendans aux Justices subalternes, non pas même sous prétexte de connexité ; si ce n'est aux Causes qui se doivent juger à l'Audience, ausquelles ladite Evocation est permise, pourvû que sur le champ, & en même temps on juge l'une & l'autre des Causes. A ce defaut, on encourt les peines portées aux articles I. & II. du Titre 6. de l'Ordonnance.

Avant de passer outre à l'explication des procedures des Appels, il faut être instruit de la signification de certains termes, dont la plûpart étoit inconnuë : sçavoir, des Lettres de désertion, de Relief de désertion, des Lettres d'anticipation & d'*Illico*, de foles Appellations & foles Intimations. Il a été parlé de ces deux dernieres au au Titre 6. chapitre 12. de cette Instruction. Pour les autres termes, il faut savoir :

Que l'Appellant a ses routes ordinaires, pour poursuivre sa cause dans certains delais qui lui sont prescrits. S'il y manque, il a ses remedes ; mais aussi, lorsqu'il ne veut pas avancer, & qu'il témoigne être en délibération de se servir de toute l'étenduë de ses delais, l'Intimé a des moïens pour le faire diligenter, contre son gré, par l'Anticipation. Si l'Intimé n'est pas d'humeur d'avancer la Cause, & qu'il aime mieux laisser écouler les delais de l'Appellant, il peut en attendre la fin ; & au cas que l'Appellant ne satisfasse pas à ses devoirs, l'Intimé a le droit de faire déclarer l'appel peri, & d'en faire déchoir l'Appellant.

Moyens d'avancer les delais de l'Appel, ou de s'en redresser, s'ils sont écoulez.

Autrefois, si celui qui étoit condamné n'interjettoit pas appel au temps de la prononciation, il faloit être redressé de cette faute, par un Relief qui se nommoit

Lettres d'*Illico*, qui s'expédioient sous le nom de Sa Majesté; aujourd'huy elles ne doivent pas être en usage depuis l'Ordonnance de 1667. parce que ces Lettres n'étant que pour être relevé, comme il vient d'être dit, de la faute qu'avoit fait l'Appellant, de n'avoir pas appellé *Illico*, c'est-à dire au temps de la prononciation de la Sentence, elles ne sont plus nécessaires, à présent que l'Ordonnance, article IX. du Titre 27. abroge en toutes les Cours & Jurisdictions les formalitez des prononciations des Arrêts, & que par l'article XII. dudit Titre 27. elle donne trois ans pour appeller depuis la signification du jugement. D'où il suit, qu'on n'a plus besoin de Lettres d'*Illico*, ny même de la clause d'*Illico*, qui souvent étoit inserée dans les Lettres de Relief d'appel.

Mais si l'Appellant obmet d'appeller dans les trois ans, ou de relever son Appel dans quarante jours, il a un autre remede pour reparer la faute, en obtenant des Lettres de Relief de désertion : ce qui se faisoit en l'ancienne Pratique sur une simple requête.

CHAPITRE II.

Comme s'émettent & se relevent les Appels.

IL y a trois voïes d'interjetter appel. La premiere est par une Cedule ou Acte, par lequel celui qui veut appeller, fait sçavoir à sa Partie, *qu'il se rend pour Appellant de la Sentence renduë, &c. pour les griefs & raisons qu'il déduira en temps & lieu : ce qu'il requiert lui être signifié, afin qu'il n'en prétende cause d'ignorance.* Cette Cedule doit être signée de la Partie ; & si elle ne sçait pas signer, son Procureur la signera, mais ce doit être en vertu d'un pouvoir spécial passé pardevant Notaire.

Comme se relevent les Appels au Parlement.

La Cedule signifiée, il doit lever des Lettres, qui se nomment Relief d'appel ; elles ne different de l'ancien Style, sinon qu'elles ne contiennent point les griefs, mais seulement les noms des Parties, celui du Juge, & la datte de la Sentence. Il y est encore dit que l'Exposant est rendu appellant, pour être pourvû sur les griefs, qu'il déduira en temps & lieu. Sa Majesté, au nom de laquelle ces Lettres sont expediées, ordonne à l'Huissier de citer l'Intimé au Tribunal où l'appel doit être porté à jour certain & competent, pour proceder sur l'appel interjetté par l'Exposant.

La seconde voïe d'appeller est, lorsque l'Appellant ne veut pas se servir de Cedule. Il peut de premier abord lever des Lettres de Relief d'appel ; & au lieu qu'en la précedente formule il est dit, *qu'il a remontré au Roy, qu'il s'est rendu pour appellant*, il doit être dit : *qu'il a demandé d'être receu appellant pour les griefs, qu'il déduira en temps & lieu.* Ensuite Sa Majesté, par le dispositif desdites Lettres déclare, *qu'Elle a receu l'Exposant appellant & mande à l'Huissier de citer l'Intimé*, &c.

L'Appellant a encore un troisiéme moïen d'appeller, & de relever son appel, sans se servir desdites Lettres ; car il peut, comme on faisoit en l'ancien Style, présenter Requête au Parlement, lui remontrer le fait, la Sentence renduë par le Juge Roïal, & les moïens qu'il prétend avoir, pour empêcher qu'elle ne s'execute par provision, & conclure à ce qu'il plaise à la Cour le recevoir appellant, tenir l'appel pour bien relevé, & ordonné que sur l'appel, il lui soit permis de faire intimer qui bon lui semblera, & cependant faire défenses de mettre la Sentence en execution.

La Requête est distribuée à un Conseiller, qui en fait son rapport, sur lequel le Greffier dresse un Arrest conforme aux conclusions de la Requête, en vertu duquel l'Appellant assigne l'Intimé, & la cause se poursuit, comme il sera dit cy après au chapitre 4.

C'est ce qui s'observe aux Appels qui doivent être relevés au Parlement ; mais à l'égard de ceux qui se relevent dans les Baillages Roïaux, ou autres qui en ont le droit, on en use autrement. Car les Baillifs n'expedient plus de mandemens d'Appels, mais on y procede ainsi : La Partie condamnée, après la signification de la Sentence, interjette appel par un simple libelle, & fait donner assignation, sans aucune commission ny mandement, en la forme suivante:

A la requête de N... qui a constitué son Procureur N... Procureur au... de... ; demeurant, rue de... Paroisse de... soussigné, soit assigné à comparoir en Audience du Bailliage de... N... pour proceder sur l'appel qu'émet par le présent Acte ledit N.... de Sentence donnée en la Justice de.... le.... pour les griefs qu'il déduira en temps & lieu, & en outre ainsi qu'il appartiendra. Fait, &c.

Lorsque l'Appellant a manqué de relever son appel dans quarante jours, il peut être pris en désertion par l'Intimé ; mais ces désertions se convertissent ordinairement en anticipations, après lesquels l'appel s'instruit à l'ordinaire.

CHAPITRE III.

Des Devoirs de l'Intimé.

CE qui vient d'être dit au chapitre précedent, regarde les devoirs & les secours par lesquels l'Appellant peut mettre son appel en état. L'Intimé a les siens, qui consistent en ce que, pour empêcher que la Partie condamnée ne demeure en silence pendant les trois ans qui lui sont accordés pour interjetter appel, il l'en fait sommer; comme il a été dit: ce que le condamné est obligé de faire dans six mois, à compter depuis la sommation.

Anticipation. Si l'appel interjetté n'est pas relevé, & que l'Intimé ne puisse pas différer davantage ses poursuites, il peut avancer, en obtenant des Lettres d'anticipation, qui obligent la Partie condamnée de proceder nécessairement sur son appel.

Ces Lettres s'executent par l'Ajournement que l'Intimé fait donner à l'Appellant.

Désertion d'appel. Lorsque l'Intimé ne veut pas presser l'Appellant, & qu'il le laisse joüir de toute l'étenduë de ses delais; s'il manque à quelqu'un de ses devoirs, ledit Intimé leve des Lettres de Désertion d'appel, pour le faire déclarer desert.

Il est à remarquer qu'il y a différence à faire entre la désertion d'appel & la peremption. La désertion se poursuit, lorsque celui qui a fait signifier un Acte d'appel, n'a pas relevé dans trois mois son appel, dans la Jurisdiction où l'appel ressortit.

La Peremption est acquise, lorsque depuis que l'appel a été interjetté, l'Appellant n'a fait aucunes diligences pendant trois ans, pour en poursuivre le jugement, & qu'il n'est mort aucune des Parties, ou de leurs Procureurs, dans ce temps-là.

A l'égard de la demande en désertion d'appel ; ordinairement en la Cour elle se convertit en anticipation, pour obliger l'Appellant de joindre, comme l'on a déja dit.

Mais pour la Peremption, lorsqu'elle se trouve acquise, elle emporte en matiere civile la confirmation de la Sentence. Il n'en est pas de même en matiere criminelle, parce que ces sortes d'appellations ne tombent en peremption, à cause que c'est le Procureur Général qui est la principale Partie; cependant la poursuite & la Sentence même de mort, se prescrivent par vingt ans. Dans les Parlemens, dès que l'Appointement de conclusion a esté reçu, les instances ne se perimsent que par trente ans, *propter eminentissimas Fori occupationes.*

Il en est de même des Appellations qualifiées comme d'abus en matiere civile, qui ne tombent jamais en peremption, non plus que dans les affaires qui regardent les droits du Roy.

Dans toutes ces procédures respectives, & propres tant à l'Appellant qu'à l'Intimé, non seulement les dépens & l'amende ordinaire de l'Appel sont ajugés, quand la Sentence est confirmée; mais encore les peines des foles Intimations, & des foles Appellations.

L'une & l'autre doivent être jugées avant d'entrer en la matiere de l'appel, comme l'on fait aux Instances à l'égard des fins de non-recevoir, ou fins de non-proceder.

CHAPITRE IV.

Des Procédures communes à toutes sortes d'Appels, après qu'ils sont relevés.

LE premier Juge, trois jours après la Sentence renduë, doit remettre au Greffe son Dictum, avec le Procez entier, sans en pouvoir donner communication aux Parties, ny à leurs Procureurs, à peine de tous dépens, dommages & interêts.

Le Procez étant au Greffe, chacun des Procureurs retire sa production, mais non celle de la Partie adverse. Il est deffendu au Greffier de les communiquer, ny de les mettre entre les mains des Messagers, aux peines portées en l'article XVI. du titre 11. de l'Ordonnance.

Si les Parties ont besoin de quelques pieces produites par l'une ou par l'autre, il leur est permis d'en prendre des copies collationnées par le Greffier.

L'Appellant émet & releve son appel, où il est anticipé, comme il a été dit. En ces cas, les delais des assignations sont comme ceux des Instances, à jour certain & compétent, pardevant le Tribunal auquel l'appel est dévolu.

La Partie qui a donné l'assignation fait sa présentation au Greffe; l'autre y met son Acte de comparution & de constitution de Procureur, comme l'on fait dans les Instances. Le plus diligent y fait sa production.

Huit iours aprés cette production, à prendre du jour de la sommation qui a été faite au Procureur, celui qui veut avancer, doit offrir à l'autre l'appointement de conclusion, & le sommer de le passer : s'il le refuse, & qu'il soit Appellant, la Sentence est confirmée ; s'il est intimé, il est déclaré déchu du profit de la Sentence, & condamné aux dépens.

Les Parties sont libres de passer entr'elles l'appointement de conclusion purement & simplement, ou de restraindre leur appel à l'un, où à plusieurs des chefs de la Sentence ; l'on a soin d'y faire inserer ces mots : *joint les fins de non-recevoir, & deffenses au contraire.*

Dès que l'appointement est signifié, l'Intimé fait sommer l'Appellant de fournir de griefs contre la Sentence, ausquels il fournit de réponses, si bon lui semble. Dés que cela est fait, le Procez est en état d'être jugé, à moins que l'une des Parties ne fasse une production nouvelle. Si c'est une Appellation verbale, la Partie diligente dénonce un jour d'Audience, pour y être plaidée. & déclare qu'il a consigné l'amende,

CHAPITRE V.

Des Appellations verbales.

Appointé au Conseil.

LA Cause plaidée, s'il y a disposition à un jugement diffinitif, le Juge le prononce. Si l'on trouve qu le Juge se soit précipité, & que la Cause mérite une plus grande discussion, soit par la nécessité de voir les Titres, ou par le peu d'éclaircissement qu'on a pour déliberer au fond, on appointe les Parties au Conseil. Cet Appointement porte, *que les Parties sont reglées à bailler causes d'appel, réponses à icelles, écrire, produire & contredire dans le tems de l'Ordonnance, pour leur être fait droit, ainsi que de raison.*

Par ce moyen, cette Cause, qui étoit un Procez d'audience, devient un Procez par écrit, lequel ne se peut juger que par Rapporteur, qui est nommé sur le Placet présenté à Mr le Premier Président, à la requeste de celui qui le premier a fait sa production

Il a été parlé de cet Appointement au Conseil, & des cas ausquels il doit être mis en usage.

Chaque Partie peut le lever, & le faire signifier à l'autre. Si l'Intimé veut poursuivre, il peut, en faisant cette signification, sommer l'Appellant par un même Acte, *de fournir de causes d'appel dans le temps de l'Ordonnance, suivant l'Arrest qui est appointé au Conseil, & qu'autrement il en demeurera forclos.*

Le temps de l'Ordonnance est de huitaine, & se compte dès le jour de la sommation ; & comme l'Intimé a aussi huit jours, pour fournir de réponses aux causes d'appel, ils commencent à courir dés le jour que la signification desdites causes d'appel lui a été faite, ou à son Procureur. Sans lesdites significations, on ne doit avoir aucun égard, ny aux moïens d'appel, ny aux réponses à icelles, ny à rien de tout ce qui n'est pas signifié.

CHAPITRE VI.

Des Appellations des Sentences renduës aux Procez par écrit.

L'On a dit, au premier Titre de cette Instruction, qu'on nomme Procez par écrit, tous ceux où il y a eu appointement en droit, quoiqu'on ait jugé par forclusion ; ou quand les Parties ont produit, & qu'on a jugé sur des appointemens à mettre.

Ce qui a été dit cy-dessus de la procédure generale, commune à toutes les Appellations, convient proprement à celles-cy, soit pour les émettre, ou pour les relever. Ce qu'elle a de singulier consiste, en ce que la comparution après les delais de l'assignation étant faite, comme il a été dit au chapitre 4. de ce de ce Titre, la Partie qui la premiere a mis sa production au Greffe de la Jurisdiction où l'appel est dévolu, doit le faire signifier au Procureur de sa Partie adverse, à ce que celle-cy y satisfasse de son côté, dans le temps, & aux peines de l'Ordonnance.

L'Intimé doit joindre à la sienne la Sentence en forme, ou par extrait, à son choix; & faute d'y satisfaire dans ledit temps, l'Appellant, sans commandement ny signification préalable, peut lever la Sentence par extrait, aux frais & dépens de l'Intimé, dont il lui est délivré Executoire.

A défaut de satisfaire à ce que dessus dans la huitaine, celle qui a manqué, demeure forclose de plein droit, même si le défailllant avoit tiré quelques piéces, écritures, ou reconnoissances, de celles contenuës dans sa production de premiere instance; elles demeureroient pour constantes, & avérées contre lui, & il seroit passé outre au jugement de l'Appel, sur ce qui se trouveroit au Greffe, sans commandement ny sommation, n'étoit que par honnêteté les Rapporteurs fissent avertir les Parties de produire ; car en ce cas les productions sont toûjours reçuës, jusques à ce que le Procez soit sur le Bureau.

Cela a lieu, quand l'une des Parties ne produit pas; mais quand les deux ont produit, on doit poursuivre l'Appointement de conclusion. Il est conçu en ces termes : *Le Procez par écrit d'entre un tel, appellant d'une Sentence renduë par un tel Juge le... d'une part, & un tel Intimé d'autre, est conclut & receu pour juger si bien ou mal a été appellé, les dépens respectivement requis par les Parties, & l'amende pour le Roy, joint les griefs* (hors le Procez) *& les prétendus moïens de nullité, & productions nouvelles de l'appellant, qu'il pourra bailler dans le temps de l'Ordonnance ; ausquels griefs & prétendus moïens de nullité,* *l'intimé pourra répondre, & contre ladite production nouvelle bailler contredits, aux dépens de l'appellant.*

Quelquesfois il y a des Appellations verbales interjettées, sur lesquelles les Parties ont été appointées au Conseil à écrire par mêmes griefs & réponses : en ce cas, on joint lesdites Appellations à la principale, & mention en est faite dans l'Appointement de conclusion, en ajoûtant ce qui suit: *joint l'Appellation verbale, interjettée par tel .... de la Sentence renduë par le Lieutenant de .... sur laquelle les Parties sont appointées en droit à écrire par mêmes griefs & réponses, produite dans la huitaine, & suivant bailler contredits & salvations dans le temps de l'Ordonnance.*

Le Procureur diligent, qui a produit, offre cet Appointement à celui de la Partie adverse, & le somme *de le signer & passer. Il ajoûte, qu'il le mettra entre les mains du Greffier, & que s'il n'y satisfait, il obtiendra defaut, suivant l'Ordonnance, protestant de poursuivre le jugement, tant en présence, qu'en absence.*

Au cas que la Partie adverse ne compare pas au Greffe, dans les trois jours : celle qui poursuit, prend defaut ou congé, faute de conclure ; elle le fait signifier, & huit jours aprés, elle en fait juger le profit, comme il a été dit cy-dessus, lorsqu'on a parlé des Defauts. Le jugement qui s'y rend, consiste en ce que *le defaut, ou congé, sont déclarez avoir été bien obtenus ; & pour le profit, la Sentence est confirmée, avec adjudication de l'amende, ou infirmée.*

L'on en use ainsi, quand l'une des Parties refuse, ou retarde ; mais lorsqu'elles ont passé & signé l'Appointement de conclusion, d'un commun consentement, & que l'Intimé a fait sommer le Procureur de l'Appellant, de fournir de causes & moiens d'appel, celui-cy est obligé d'y satisfaire, & de les signifier au Procureur de l'Intimé dans huit jours, qui, dans un même delai, à prendre dès le jour de ladite signification, doit fournir & donner copie de ses réponses à griefs; si l'une ou l'autre ne le fait pas dans lesdits delais, elles en sont forcloses de plein droit, sans autre commandement ny procédure.

On ne laisse pas toutesfois de recevoir les griefs & les réponses, si elles sont fournies avant que le Procez soit sur le Bureau, pourvû qu'elles aïent été signifiées, parce que cela ne retarde point le jugement; mais si elles n'ont pas été signifiées, on les rejette, & on n'y a nul égard.

Les griefs & les réponses doivent être produits dans un sac, séparé de celui de la matiere principale; les Parties les mettent au Greffe, & le Rapporteur les y prend.

La façon de dresser les griefs, est la même que celle de l'ancien

Style, sauf qu'ils commencent: *Griefs hors le Procez, que met & baille pardevant*, &c. *Appellant de la Sentence*, &c. *Contre*, &c. Puis il commence par ses conclusions: *A ce qu'il plaise à.... de dire qu'il a esté mal jugé*, &c. Ensuite il déduit ses conclusions & ses raisons.

L'Intimé fait le même par ses réponses qu'il commence: *Réponses à prétendus griefs, que met & baille pardevant*, &c. *A ce qu'il plaise dire qu'il a esté bien jugé.* Et le reste.

Si l'une des Parties, après ses productions, a obmis quelques titres, pieces, ou actes, qui lui servent, elle en peut faire une production sur requeste qu'elle présentera, & conclura à ce qu'il lui soit permis de produire lesdites pieces, & ordonné qu'elles seront communiquées à la Partie, pour y fournir de Contredits dans le temps de l'Ordonnance.

L'Appointement doit porter;

Soit la Requête & pieces communiquées à Partie, pour y bailler Contredits dans trois jours, sauf, en jugeant, ordonner à quels dépens. L'autre Partie donne des Contredits, & le Suppliant trois jours aprés des Salvations; puis on en fait une production, qui est jointe au reste de la Cause.

CHAPITRE VII.

Des Appellations incidentes. Des Sentences différentes de celle qui fait l'Appel principal.

CEs Appellations n'ont pas besoin, ny de Cédule, ny de Lettres de Relief d'appel, parce qu'elles se font par Requeste qui contient l'état de la Cause principale, & conclut *à ce que le Suppliant soit receu pour appellant de la Sentence; que l'appel soit tenu pour bien relevé; que faisant droit sur ledit appel, il plaise à la Cour*

Appellations incidentes comme se poursuivent.

mettre l'Appellation & ce au neant, en émendant, &c. L'appointement qui se met sur cette Requête est, *Viennent les Parties*; on la fait signifier, & on dénonce l'Audience par un simple acte.

Au cas que par la Requeste, il y ait à demander autre chose que ce qui touche l'Appel, comme la main levée de quelques meubles, ou fruits saisis, l'Appointement seroit tel: *Receu pour Appellant, & l'appel pour bien relevé, lui permet de faire intimer qui bon lui semblera sur ledit appel, sur lequel les Parties auront Audience au premier jour, & a joint le surplus de la Requête à l'Appel, pour en jugeant, y avoir tel égard que de raison.*

La Cause est plaidée & jugée sur le champ, si elle y est disposée; sinon on joint l'Appellation incidente à la matiere principale.

CHAP.

CHAPITRE VIII.

Des Appellations de la Taxe des dépens.

IL y a quelque chose de singulier en cette sorte d'Appellation. On appelle par une cédule, comme dans les autres Procez ; on releve de la même maniere. C'est l'ordinaire, que l'Intimé prend des Lettres d'anticipation, afin d'accelerer l'appel, & donner le plus prompt effet à son Executoire, qui ne peut valoir que pour les articles desquels on n'a point appellé ; c'est à dire, qui ne sont pas croisez.

Le reste se poursuit comme les autres appellations ; quelquefois comme les Verbales ; & d'autre fois comme celles des Procés par écrit : Cette distinction est une dépendance de l'Art. 30. du Tit. 31. de l'Ordonnance ; car si les Appellations sont des articles soûmis à deux croix seulement, c'est une Appellation verbale, il se faut pourvoir à l'Audience; mais si les articles dont est appel, sont compris sous plus de deux croix, c'est une Appellation qui se doit instruire comme un Procez par écrit; il faut prendre au Greffe Appointement de conclusion.

L'on a expliqué au chapitre 10. du Titre 6. de cette Instruction, les termes de croiser, & des deux croix.

Ce que cette procédure a de particulier, est que l'Intimé, après la signification qui lui a été faite de l'Appel, retire du Greffe la déclaration de dépens; si le Greffier la lui refuse, sur le recepissé de son Procureur, il l'y peut contraindre.

L'Intimé aïant comparu en la Jurisdiction où l'Appel ressortit, il doit mettre au Greffe la déclaration des dépens, & les pieces qui y servent de justification. Il fait ensuite signifier à l'Appellant, qu'il a fait cette production, & le somme de croiser dans trois jours, sur ladite déclaration, les articles dont il prétend appeller.

Dans lesdits trois jours, s'il ne croise, l'Intimé présente Requête, par laquelle il conclut à ce que l'Appellant soit déclaré non-recevable en son appel. Elle est appointée *Viennent les Parties*, signifiée avec un avenir pour plaider un tel jour; alors le Juge dit, *que faute par l'Appellant d'avoir croisé, il le déclare non recevable en son appel, le condamne en l'amende & aux dépens*, qui sont liquidés par le même jugement.

L'ancien style, qui vouloit que l'Appellant fût condamné à autant d'amendes, qu'il y avoit d'articles d'appel, n'est point changé, sinon que l'Ordonnance nouvelle veut qu'il y ait autant d'amendes, qu'il y a de croix & de chefs d'appel; c'est à dire, que s'il y a pluſieurs articles compris ſous une même croix, à cauſe de leur connexité, il n'y aura qu'une amende pour tous ces articles.

La forme de prononcer n'eſt pas différente de l'ancienne, ſauf qu'on met les Appellations au néant; car ſi la taxe eſt confirmée, l'on *déclare qu'elle ſortira ſon effet, & l'on condamne l'Appellant en autant d'amendes de douze livres, qu'il y a de croix.* Si la taxe eſt infirmée par tous les chefs, *en émandant, on ordonne ſur chaque article, qu'ils ſeront réformez, & réduits à telle & telle ſomme.*

Mais quand une partie des articles eſt confirmée, & les autres infirmez, on joint ces deux formes de prononcer par un même Arreſt, enſorte que *mettant au néant, on ordonne que tels & tels articles ſous la premiere & ſeconde, ou autres croix, ſortiront leurs effets; Et à l'égard de tels & tels, émandant, on ordonne qu'un tel article taxé à ..... ſera réduit à la somme de* . . . Et par tous ces jugemens les dépens y sont liquidez.

:********* *************:

TITRE VIII.

Des Jugemens & Prononçiations.

LE Titre 26. de l'Ordonnance donne sur ce sujet, les maximes générales qui doivent être observées. Il seroit trop long, voire difficile, de donner des formules de tous les jugemens, puisqu'ils sont aussi nombreux, qu'il y a de matieres, & de cas différens.

C'est assez de dire, qu'en ce point, il n'y a pas grande diversité entre le style ancien & le nouveau, si ce n'est en quelques termes, qui souvent ne sont pas essentiels ; & qu'on a donné cy devant toutes les manieres de prononcer dans les Jugemens qui se rendent pendant le cours de la procédure.

Il ne reste, ce semble, pour le

ſurplus ; que deux choſes à conſiderer ; l'une, que l'on ne fait pas, comme autrefois, litiſcontestation & concluſion en Cauſe dans les Arreſts & les Sentences ; la ſeconde, que quand on prononce ſur les Appellations, on dit rarement, comme on faiſoit en l'ancienne Pratique : *Bien appellé ; & mal jugé* ; ou *Bien jugé, mal, & ſans griefs appellé* ; mais au ſtyle nouveau, *on met les Appellations au neant*, ſoit que l'on confirme, ou qu'on infirme les jugemens dont eſt appel.

Ainſi, quand on veut confirmer une Sentence, on dit : *La Cour a mis & met l'Appellation au neant, a ordonné & ordonne que la Sentence, ou le Jugement dont appel, ſortira effet, l'amendera, & condamne l'Appellant aux dépens de la Cauſe d'appel.*

Cette maniere de prononcer n'appartient qu'aux Cours ſouveraines ; les autres Juges doivent prononcer par *bien*, ou *mal jugé*.

Quelques-uns, au lieu de *l'amendera*, condamnent à l'amende, & en expriment la somme.

Quand il s'agit d'infirmer une Sentence, on dit : *La Cour a mis l'appellation, & ce dont a été appellé, au neant ; Emandant, a ordonné & ordonne*, &c.

Ce mot *Emandant*, vaut autant que celui, dont on se servoit autrefois, lorsqu'on disoit, *& faisant ce que le Juge à quo devoit faire.*

En matiere d'abus, on dit : *La Cour déclare qu'il y a abus, & condamne l'Appellant en l'amende & aux dépens.*

Lorsqu'on déclare l'Appellant non-recevable en son Appel, ou qu'il en est déchu, ou qu'il est péri & desert, on condamne, ainsi qu'autrefois, à l'amende & aux dépens.

TITRE IX.

De la Forme de se pourvoir contre les Arrests.

L'Ordonnance, au Titre 35. ne donne que deux moïens, pour obtenir la réformation des Arrêts; l'un par Revision, conformément aux anciennes Ordonnances du Comté, & dans les cas où elle doit avoir lieu; & l'autre par simple Requeste.

L'article XXVI. du Titre 36. de l'Ordonnance, en ajoûte un troisiéme, en déclarant, que les Parties ne seront plus reçûës à se pourvoir par restitution contre les Arrêts rendus par defaut ou congé, mais seulement par cassation d'Arrêt; mais cet article ne parle qu'en matiere d'évocation & reglement des Juges, qui sont choses qui se traitent au Conseil de Sa Majesté.

La procédure des Revisions est connuë, puisqu'elle est de l'ancienne pratique, qui en ce point demeure dans sa vigueur Ainsi, il ne reste qu'à parler de l'autre moïen de se pourvoir par simple Requeste qui doit estre présentée aux Juges qui ont rendu l'Arrêt.

L'on n'est point obligé de prendre des Lettres en forme de Requeste civile, contre un Arrest où l'on n'a point été partie; il suffit d'y former opposition.

Le Remede de la Requeste civile s'accorde encore contre les Arrests, ou Appointemens donnés sur Requeste, lesquels se réformoient autrefois par la voïe qu'on nommoit *Circonduction*; en ce cas, il n'y a point de temps déterminé par l'Ordonnance, parce qu'elle tient que ces deux especes de Jugemens rendus sans Partie légitime, & en conséquence sans connoissance de cause, ne passent pas en force de chose jugée, si ce n'est dans les termes de Droit, après dûë signification.

Il faut donc aujourd'huy, pour être redreſſé contre l'un & l'autre de ces Arrêts, s'oppoſer, ou préſenter Requeſte à la Cour, à laquelle *on remontre le fait de la Cauſe, l'Arreſt qui y a été rendu, les raiſons qui fondent la réformation prétenduë; & on conclut à ce que le Suppliant ſoit receu en oppoſition contre ledit Arreſt conſéquent, ou faiſant droit ſur la Requeſte civile, il plaiſe à la Cour remettre les Parties en l'état qu'elles étoient avant iceluy, & ſans y avoir égard, il ſoit dit, &c.*

Cette Requeſte civile doit être attachée à une Conſultation ſignée de trois Avocats. L'on prend ſur ces deux pieces des Lettres au Sceau, eſt appointée par *Viennent les Parties*; & ſi la choſe eſt diſpoſée à un jugement diffinitif, il ſe rend à l'Audience, ſinon on appointe *d'écrire & produire*, ou en telle autre maniere que la choſe ſe trouve le requerir.

Quant aux Arreſts rendus, à

faute de se présenter au Greffe, par un acte de comparution, ou faute de plaider à l'Audience, il y a un temps préfix à l'opposition, sçavoir dans la huitaine, à compter du jour de la signification faite à la personne, au domicile du condamné, ou à son Procureur, s'il en a un.

Ce terme passé sans opposition, l'Arrest devient contradictoire, sans autre remede que celui de la Revision.

Il est ainsi des Arrêts jugez à l'Audience à tour de Rôle, c'est à dire, quand la Cause a été affichée, & plaidée en son ordre; car en ce cas, encore que la Partie ne se soit pas présentée pour plaider, l'Arrêt n'est pas sujet à l'opposition. Il n'y a que la Revision qui puisse servir en cette occasion, non plus que contre tous les autres Arrests.

On ne comprend pas ici dans les moïens d'opposition les Arrests qui sont rendus par defaut d'avoir constitué Procureur, parce que le défaut étant levé au Greffe, la Cause n'entre pas au Rôle, à raison que l'on n'y met que celles où il y a Procureur constitué, & quand elles sont en état d'être plaidées.

L'Ordonnance explique assez au long les moïens dont on peut se servir pour obtenir, & faire réüssir la Requeste civile ; l'on ne peut en alleguer aucun autre. Il n'est pas permis, en la plaidant, d'entrer dans la marche du fonds, parce que tous ces moïens regardent uniquement la forme de l'Arrest dont on se plaint.

FIN.

www.ingramcontent.com/pod-product-compliance
Ingram Content Group UK Ltd.
Pitfield, Milton Keynes, MK11 3LW, UK
UKHW020602230726
13926UKWH00005B/2152

9 782016 160114